블루칼라 프리워커

BOOK
JOURNALISM

블루칼라 프리워커

발행일 ; 제1판 제1쇄 2022년 8월 29일
지은이 ; 이이람 · 김민지 · 노다니엘 · 서은지 · 정우진 · 진남현
발행인 · 편집인 ; 이연대 에디터 ; 이현구 · 이다혜 · 정원진
디자인 ; 권순문 지원 ; 유지혜 고문 ; 손현우
펴낸곳 ; ㈜스리체어스 _ 서울시 중구 한강대로 416 13층
전화 ; 02 396 6266 팩스 ; 070 8627 6266
이메일 ; hello@bookjournalism.com
홈페이지 ; www.bookjournalism.com
출판등록 ; 2014년 6월 25일 제300 2014 81호
ISBN ; 979 11 92572 12 3 03300

북저널리즘은 환경 피해를 줄이기 위해
폐지를 배합해 만든 재생 용지 그린라이트를 사용합니다.

BOOK
JOURNALISM

블루칼라 프리워커

이이람·김민지·노다니엘·서은지·정우진·진남현

; 이 책은 육체노동에 대한 포장도 각자에 대한 헌사도 아니다. '노가다', '일용직', '잡부'와 같은 사회의 부정적 뉘앙스를 지우고 마주한 여섯 명의 이야기다. 목수와 환경미화원, 건설 현장 노동자와 농부를 만났다. 일잘러가 되는 방법을 넘어 일머리를 키우는 법, 경제적 자유를 넘어 인생의 주도권을 쥐는 법을 제시한다.

차례

북저널리즘 인사이드

일한 만큼 벌고
벌 만큼 일한다

직장의 의미는 옅어졌다. 사회 속의 내가 아닌 사회로부터 독립적인 자아와 욕구를 실현하려는 사람들이 늘고 있다. 지금의 청년 세대가 그렇다. 의미 없이 소진되는 일에는 거리를 두고, 원하는 것이 있다면 직장의 경계를 초월해 힘있게 좇는다. 각자의 가치관은 달라도 기성 사회에서 직장이 주는 의미는 안정과 자유였다. 그러나 이 믿음은 와해했다.

한국리서치가 2022년 7월 발표한 〈청년층 퇴사에 대한 인식조사 보고서〉에 따르면 퇴사를 경험한 전국 20~30대 청년들의 퇴사 결심은 입사 이후 평균 10개월이 지나는 시점에 이뤄졌다. 이들의 주된 퇴사 이유는 "보수가 적어서", "난이도나 업무량, 적성 등 업무에 만족하지 못해서", "개인의 발전 가능성이 낮아서", "근무 환경이 열악해서"의 순서로 나타났다. 평균 퇴사 경험 횟수 2.4회. 원하던 직장에 들어가도 안정된 삶과 자유를 얻기란 쉽지 않다. 요컨대 우리 모두에게는 재발견이 필요하다.

저마다의 동기로 사무실 밖으로 나온 청년들은 사회가 주목하지 않던 분야로 뛰어들고 있다. 학벌과 스펙이 전혀 통용되지 않는 육체노동이 그렇다. 높은 집값과 자산 불평등으로 노동 소득의 무용함을 한탄하는 4차 산업혁명 시대의 N포 세대는 왜 '블루칼라' 일자리에 뛰어들까? 기성 사회의 문법으로는 기현상이다. 육체노동은 몸이 힘들고 전망이 어두우며 오래 일하기 어렵다는 인식 때문이다.

이들을 조명한 기사나 콘텐츠들은 다양한 분석을 내놓는다. 청년에 대한 평평한 이해도 여전하다. 직접 만나 본 블루칼라 직종의 청년들은 '기술을 배워 억대 연봉을 버는 유쾌한 MZ 세대'와는 사뭇 다른 느낌이었다. 유형의 무언가를 만드는 것에 진지하게 집중하는 사람, 꿈 없이도 확실한 급여에 만족하는 사람, 하고 싶은 일을 위해 단순한 일을 선택한 사람. 우리는 이들을 '프리워커'로 정의했다.

이들을 인터뷰하며 느낀 공통의 정서는 '자유'였다. '갓생'이 아니다. 모두가 그 자리에서 치열하게 살지만, 사회가 암묵적으로 요구하는 초인간적 스펙을 갖추기 위함은 아니다. 누군가에겐 유별나게 비치는 직업이지만 각자에게 합리적인 선택이다. 많은 이가 선망하는 화이트칼라가 아니더라도 이들의 재발견 속에는 안정과 자유가 있다. 같은 블루칼라 안에서도 다양한 스펙트럼이 있으며, 재단할 수 없는 각자의 템포와 리듬은 사무실에서 흘러나오는 노동요보다 선명하고 굵직하다. 이들의 몸짓은 멋진 춤사위다.

이 책은 육체노동에 대한 포장도 각자에 대한 헌사도 아니다. '노가다', '일용직', '잡부'와 같은 사회의 부정적 뉘앙스를 지우고 마주한 여섯 명의 이야기다. 인테리어 디자이너와 내장 목수, 환경 공무관, 건설 시행사의 직원, 건설 현장 정리팀, 청년 농부라는 우리가 흔히 마주할 수 없는 사람들과의 속 깊은 대화를 나눴다. '일잘러'가 되는 방법은 없지만 '일머리'의 중요성을 논하고, 경제적 자유를 얻는 방법은 없지만 인생의 주도권을 쥐는 방법을 이야기한다.

블루칼라는 미국 육체노동 시장의 드레스 코드인 청바지와 청색 셔츠에서 유래했다. 이제 이 색깔은 더 이상 위계를 의미하지 않는다. 현장의 청년들에게 '블루'는 저임금 노동이나 우울의 색이 아니다. 젊음의 색이다. 일한 만큼만 벌어야 한다는 공정 담론을 뒤집어 이들은 유동적인 업무 환경 속에서 벌 만큼 일할 것을 제시한다. 놓치는 것에 대한 두려움 속에 '번아웃'되지 않고 땀 흘려 인생을 마주한다. 다양한 크기의 숱한 화면 속에서 자신의 모습을 잃어버린 사람들에게 이들의 이야기를 전한다.

이현구·이다혜·정원진 에디터

이이람은 청년 인테리어 디자이너다. 연예인을 꿈꾸며 춤을 배우고 기획사에 들어갔지만 직업 생태계와 맞지 않음을 느끼고 자신의 길을 찾아 떠났다. 주얼리 공방을 거쳐 아버지가 페인트 도장에서 일하셨던 것을 떠올리고는 목수의 길에 들어섰다. 자신만의 경쟁력을 갖추기 위해 다양한 기술을 현장에서 익혔고 젊은 사람에게도 멋진 일은 무엇일까를 고민하다가 인테리어 디자이너가 됐다. 소진되는 것을 싫어하고 즐겁고 편하게 일하는 것을 좋아한다.

1 이이람 ; 뭘 하든 멋있게 하면 돼

댄서에서 목수로

<u>하는 일을 소개해 달라.</u>

목수에서 시작해 지금은 인테리어 디자인을 한다. 인테리어 요청이 들어오면 고객과 미팅하며 구체적으로 견적을 낸다. 어떤 자재를 쓸지, 어떤 구조로 만들지 구체적으로 정하고 최종으로 샘플링 한다. 현재는 시공 단계에서 직접 일하진 않지만 예전에는 현장에서 소장으로 모든 일을 맡아서 했다. 최근에 회사를 옮기면서 고객과 상담하고 계약을 성사시키는 일이 주요 업무가 됐다. 그러다 보니 이전까진 소장이란 타이틀이 더 적합했는데 지금은 스스로를 인테리어 디자이너로 소개하고 있다. 현장 소장들의 일정을 조율하고 과정을 총괄한다.

<u>범상치 않은 분위기가 있다. 어릴 적 꿈꾸던 직업은 무엇이었나?</u>

연예인이 꿈이었다. (웃음) 중학생 때 춤을 추기 시작했고 스무 살까지 대전에서 공연 기획단에 있었다. 시市나 단체의 행사에서 공연을 필요로 할 때 예산을 받아 다양한 형태의 공연

을 기획하는 일이었다. 대학도 문화 예술 경영학 쪽으로 갔다. 그러다 기획사 오디션에 붙어 서울로 올라오게 됐고 흔히 말하는 아이돌 연습생으로 1년 정도 있었다. 그런데 나랑은 잘 안 맞더라. 적성에 안 맞던 것은 아닌데 직업 생태계에 적응하기 어려웠다. 좋아하는 것과 해야 하는 것이 다르다는 것을 느끼고는 흥미가 떨어졌던 것 같다.

아이돌 연습생이라니 육체노동과는 굉장히 동떨어진 일이다. 어떻게 목수 일을 시작하게 됐나?

굳이 연관성을 찾자면 춤추는 것도 몸 쓰는 일이라는 점이다. 연습생을 그만두고 나서는 당시 주얼리 디자인이 굉장히 뜨고 있어서 1년 정도 배워 봤다. 거기서부터 뭘갈 만드는 일에 본격적으로 뛰어든 것 같다. 내 브랜드를 만들려고 공방에서 연습하며 지냈는데 어느 날 갑자기 3D 프린팅이 급상승하더라. 핸드메이드 제품의 경쟁력이 하락했다. 그러고 나니 뭘 할지 막막했다. 그러다 대전에서 페인트 도장 일을 하시는 아버지가 생각났다. 대전에서 직업 전문학교에 들어가 목수 일을 배우기 시작했다.

목수를 선택한 데 있어 아버지의 영향이 컸겠다.

사실 어릴 땐 아버지가 하는 일은 안 해야겠다고 생각했다. 장래 희망으로 육체노동을 꿈꾸는 경우는 별로 없으니까. 야외에서 일하는 경우가 잦으셔서 아버지가 피부도 까맣고 주름도 많으시다. 페인트 도장이다 보니 옷 여기저기 페인트를 묻히며 일하시는 아버지의 모습이 고돼 보였다. 그런데 크고 나니 그런 아버지의 모습이 멋있게 보이더라. 내가 저 일을 하면 어떨까를 오버랩했던 것 같다. 페인트나 공구 등 현장이 주는 느낌이 꽤 괜찮게 다가왔다. 아마 아버지가 아녔다면 목수 일이나 인테리어는 생각 못 했을 것이다.

생각지 못한 어려움도 많았을 것 같은데.

목수 일을 배우긴 했지만 그 일에 스스로를 한정한 것은 아니었다. 그러다 보니 처음 현장을 나갔을 때 "굳이 이걸 해야 하나" 하는 것들이 많았다. 게다가 난 숫자에 참 약한 편인데 목수는 숫자에 강해야 한다. 아무리 규격대로 작업해도 현장에서 치수의 오차라든지 하는 각종 변수가 난무한다. 적응이 꽤 어려웠다. 게다가 당시는 지금처럼 힘이 세지도 않았고 허리 디스크도 있었다. 목수는 자재가 도착하면 일단 들고 옮겨야 하는데 자주 삐끗하기도 하고 육체적으로 좀 힘들었다. 지금도 자재를 옮기거나 하는 일은 따로 사람을 쓸 수 있는지 알아 본다. 개인적으로 스포츠 외에는 몸에 무리가 되는 일을 안하려는 성격이다 보니. (웃음)

육체를 쓰는 일인데 장기적으로 지속하는 것에 부담은 없었나.

'평생 먹고살 수 있는 천직이구나'라고 생각했다. 의외라고 생각할 수도 있겠다. 그렇지만 원래 하던 일이 모두 몸 쓰는 일과 조금은 관련이 있다 보니 아무리 힘들어도 체력적으로 그렇게 부담된다고 느끼진 않았다. 게다가 일은 일머리가 생길수록 쉬워진다. 오래지 않아 적응했다. 육체노동이라고 생각하면 정년이 짧을 것 같지만 생각보다 그 제한이 없다. 아버지보다 나이 많은 분들도 현장에 여럿 계시니까. 기력이 다할 때까지 할 수 있는 일이다.

젊은 사람에게도 멋진 일

지금은 목수가 아닌 인테리어 디자이너다. 전향의 계기

가 있을까?

젊은 사람들과 함께 젊은 현장에서 일하고 싶었던 게 컸다. 당시 하던 목수 일을 넘어 더 뾰족한 전문성을 가져야겠단 생각이 들었다. 특히 공정 중 '젊은 사람이 했을 때 멋진 일'은 뭘까를 고민했다. 내가 하던 일의 연장선에서 아무래도 인테리어 디자인이 가장 '영young'한 직업이라는 생각이 들었다. 그렇게 되니 현장에서 어깨너머로 배우는 것으로는 한계가 있었다. 목수는 자신이 담당한 부분을 맡을 뿐이지 전 공정을 볼순 없다. A/S가 있을 때나 재방문해 결과물을 볼 수 있었다. 목수 일을 하며 모은 돈 약 800만 원으로 인테리어 아카데미에 등록했다.

아카데미에서 참스승을 만났다고 들었다.

그렇다. 아카데미에는 여러 인테리어 업체가 입점해 있는데 그중에서 자기 지역에서 가장 가까운, 혹은 적합한 지역의 멘토를 붙여준다. 그 업체에 가서 인턴처럼 배우는 것이다. 처음엔 거절당하기도 했다. 왕복 세 시간 거리인 서울 방학동에 위치한 업체였는데 나이가 어리고 당시 기준 군 미필이라며 다소 무시하더라. 외제 차에 태우고 현장에 가서 나를 차에 혼자

두고 자기 업무를 보러 갔다 온 뒤 현장 구경시켜 줬다고 생색이었다. 아카데미에 항의하니 새 멘토를 붙여 줬는데 그분이 지금의 스승님이었다. 나이에 대한 선입견 없이 진정성 있는 분이었다. 최근 회사를 옮기기 전까지 그분 밑에서 일했다. 정말 많은 도움을 받았다.

직업이 바뀐 만큼 새로 배워야 할 것이 많았을 텐데.

사실 아카데미에 등록했다고 새롭고 대단하게 배우는 것은 별로 없다. 대부분 이론 수업에 가깝고 알맹이는 멘토에게 있기 때문이다. 스승님 회사에서 필요한 일들을 배웠지만 당시엔 3D를 맡아 줄 디자이너도 있었고 견적도 일차적으론 대표님이 냈다. 그래서 도면과 견적을 받고 자재를 발주하는 일, 현장 업무를 총괄하는 일 등이 주요 업무였는데 오히려 회사를 옮긴 지금 이 모든 일을 혼자서 해야 하는 상황이 됐다. 3D 공부 등 지금도 배우고 있는 일이 많다.

목수 경력이 도움이 됐나?

매우 도움 됐다. 현장 업무를 이미 경험하고 전반적인 프로세스를 알고 있는 것과 모르는 것에는 큰 차이가 있다. 현장을 총괄하려면 페인트 도장 등 기능공들의 업무를 자세히 알아야 하기 때문이다. 도면과 견적, 자재에도 미리 익숙해질 수 있었다.

인테리어 디자인만의 매력은 뭔가?

아무래도 고객과 직접 접촉하고 상담하기 때문에 현장에서 작업만 하는 것보다 흥미로운 구석이 많다. 창의력을 발휘할 수 있는 일이기도 하다. 어떤 벽에는 돌 타일을 써서 색을 입혀 볼 수도, 어떤 공간엔 철제 프레임으로 색다른 것을 시도해 볼 수도 있다. 무엇보다, 어디 가서 본 것들을 실제 접목해 볼 수 있다 보니 좋은 곳 찾아다니는 것을 좋아하는 나로서는 딱 알맞은 일이었다.

수입은 괜찮은 편인가?

잘 버는 편이다. 같은 인테리어 디자이너라고 해도 회사마다 급여가 다르다. 보통 직장인들과 비슷하게 받는 것 같긴 하다. 아무 기반 없이 일을 시작했을 경우 월 200만 원 선에서 월급이 결정된다. 자격증이 많을수록 급여가 올라간다. 이렇게 회사 고정급으로 받는 방법 말고 현장 단위로 받을 수도 있다.

현장 단위로 받을 때도, 현장당 고정급으로 받는 분도 있고 견적에 자신 있는 분들은 공사에서 남는 퍼센티지를 가져가는 분들도 있다. 회사와 상관없이 자기 일도 할 수 있으니 사실상 임금이 천차만별이라고 할 수 있다. 프리랜서처럼 일하는 만큼 벌 수 있다.

업계에서 젊은 편인가?

매우 젊은 편이다. 그렇다고 딱히 특수한 케이스는 아니다. 팀장치고 젊은 것뿐이다. 요새 젊은 분들이 이쪽에 많이 뛰어드는데, 전 회사만 해도 얼마 전 나와 같은 또래인 29살 친구가 하나 들어왔고, 가장 최근에 들어온 친구는 27살이다. 물론 타 직업군에 비해 평균 연령이 높긴 하지만 확실히 현장이든 디자인 쪽이든 전반적으로 연령대가 낮아지는 것을 체감한다. 30대분들도 많다. 요새 인스타그램 등으로 인테리어와 관련한 게시물들을 보는데, 기능공분들이 다 젊으시다. 타투도 많으시고. (웃음)

청년들이 이쪽 일에 관심을 갖게 되는 이유는 뭘까?

같은 육체노동이라도 기술적인 부분이 각광 받다 보니 자연

스레 그리된 것 같다. 인테리어에 관심 가지는 젊은 분들이 많아서 요새 학원도 점점 생겨나는 추세다. 수료하는 데 적지 않은 돈이 들지만 그래도 돈을 쓴 만큼 확실히 번다는 인식이 있어서 그런 것 같다. 보통 젊은 분들은 배우는 것에 욕심이 많아서 고급 공정을 하시는 경우가 많다. 기존에 쭉 해오셨던 연배 있는 분들보다 금액을 더 받는 경우도 허다하다.

누군가 이 일을 하고자 한다면 추천할 것인가?

추천한다. 생각보다 자유도가 높고 창의성을 발휘할 수 있는 일이다. 인테리어는 코로나 영향도 안 받거니와 누군가 사업을 시작하거나 결혼을 할 때, 이사 갈 때 등등 리모델링의 수요는 넘친다. 일이 끊기지 않아서 오히려 일할 사람이 없을 정도다. 이미 괜찮은 사람들은 어느 정도 자리를 잡고 있어 현장 인력이 더 필요하다. 우리도 사람을 키워 써야 하는 지경이다. 일에 대한 만족도도 대부분 높다.

경쟁력은 만들기 나름

현재 직업에서의 어려움은 어떤 것이 있나.

일단 목수 시절과 가장 크게 다른 점은 사람을 상대한다는 점이다. 직급이 올라갈수록 고객에게 어떻게 더 신뢰감과 만족을 줄 수 있을지를 더 고민하게 된다.

지금은 팀장이다. 디자이너의 직급은 어떻게 구성돼 있나?

사무직은 직급이나 연차가 중요하지만 현장에선 팀장이니 과장이니 하는 그런 이름이 별로 쓸모가 없다. 전 회사에서는 과장 타이틀을 달고 있었고 지금 회사에서는 팀장이지만 별로 내세우지 않는다.

팀장보다 디자이너라는 표현을 선호하는 이유는 뭔가?

스승님의 조언이 있었다. "나이가 너의 무기가 될 수도 있지만 반대일 수도 있다"라는 것이다. 고객이 보기에 일단 나이가 어리다 보니 팀장이나 소장·대리 등의 수직적 직급 체계가 이름 뒤에 붙는 것보다 디자이너라는 단어가 붙는 편이 더 자연스럽고 감각 있어 보일 것이라고 조언해 주셨다. 그래서 명함에는 팀장으로 적혀 있긴 하지만 고객에게 스스로 디자이너라고 소개한다. 묘한 게 고객에게 명함을 드릴 때 "디자이너입니다. 팀장이고요."라고 말하면 신뢰도가 높아지는데, "팀장입니다. 디자이너예요."라고 말하면 왠지 신뢰도가 떨어지고 견적을 낼 때 결정 권한이 축소되는 느낌이 있다.

나이가 어린 게 유리할 것이라고만 생각했다. 젊은 감각을 선호하는 고객이 많지 않나?

요새 젊은 창업주가 늘어나고는 있지만 확실히 인테리어를 맡기시는 분들은 주로 나이가 어느 정도 있는 분들이다. 인테리어를 맡길 정도의 돈이 있는 분들은 연령대가 아무래도 높기 때문이다. 물론 어린 나이가 줄 수 있는 긍정적인 면도 있지만 오히려 독이 되는 경우도 많다. 그래서 보여지는 것에 아무래도 신경을 쓰게 된다.

나름의 퍼스널 브랜딩 전략이 있나.

퍼스널 브랜딩이라고 거창하게 말할 것은 없는 것 같긴 한데.

(웃음) 일단 내가 소속된 회사는 여러 큼직한 브랜드나 건물을 리모델링 했기 때문에 이미 업계에서 좀 유명하다. 다만 회사 외적으로 일하는 경우도 많으니 여러모로 더 신경을 쓰는 것 같다. 일단 외적으로 세련되게 하고 다니려고 노력한다. 옷도 좀 멋지게 입고. 머리를 기르는 이유도 그렇다. 예술적으로 보이니까. 게다가 책도 업계 사람들보다 많이 읽는 편이다. 건축가 유튜브나 〈조승연의 탐구생활〉 같은 인문학 유튜브도 자주 챙겨 본다. 건축의 기본 요소에 대한 인문학적, 역사적 지식을 조합해서 고객에게 설명하면 신뢰도가 높아진다. 고객과 상담할 때 "조명은 주황색으로 많이들 하세요"와 같은 얘기보다 "보통 아파트 천장은 2.4미터 정도인데 이는 아이들의 창의력을 제한할 수 있으니 3미터 이상으로 하셔라"와 같은 얘기를 해볼 수 있다. 언변이 좋은 게 큰 도움이 된다.

비즈니스용 소셜 미디어를 계획적으로 운영해 볼 생각은 없나.

앞서 말한 것처럼 요새 젊은 목수나 인테리어 디자이너들 계정이 많긴 하다. 멋지게 워크 웨어도 입으시고 멋지게 PR하시지만 왠지 그런 내 모습을 상상하는 게 어색하다. 물론 인스타그램 계정을 새로 하나 만들려고 하는데, 거기엔 내 작업물이나 자기 홍보보다는 내 시선을 담은 사진을 올려 보고 싶다. 인테리어 아이디어를 포스팅하는 계정 말이다. 어떤 건물의 화장실에 갈 때마다 거기에 실리콘 자재는 무얼 썼는지, 멋진 카페에 갔다면 인테리어에 사용된 부자재는 어떻게 사용되고 어디서 가져왔는지 등을 관심 있게 보니까 유용한 계정이 될 것 같다.

'나에게 의뢰하면 이런 점이 좋다'고 말할 수 있는 것은?

고객마다 원하시는 게 다양한데 최대한 그에 맞춰 디자인을 뽑아낼 수 있다. 뭐든 시도해 보는 것을 좋아하고 정보 검색력이 좋은 게 강점이다. 견적으로 금액을 남겨야 하지만 금액적인 부분도 함께 고려해 드리려고 노력한다. 기존에 해왔던 대로, 의도대로만 풀어내려고 하지 않는다. 아마 회사에 소속되어서 그런 것 같긴 한데 이미 회사에서 다들 알 만한 브랜드나 팝업 스토어 등을 많이 해봤고 그게 다 나의 포트폴리오가 되다 보니 개인적인 욕심이 그렇게 크지 않다.

지금과 같이 되기까지 업계에서 어떻게 성장했는지 궁

금하다.

현장에서의 성장과 업계에서의 성장은 분명히 다르다. 현장에서는 일머리가 좋고 견적을 잘 내는 법을 익히는 게 성장이다. 회사마다 전문성이 다른데 아파트만 하는 회사도 있고 상가만 하는 회사도 있다. 보통 아파트는 규격화되어 있어 인테리어도 비슷하게 들어가는데 상가는 매번 공간이 다르고 트렌드도 빠르게 변하니 한계를 계속 뚫어야 한다. 현장에서는 계속 다른 자재를 써보는 게 경험적으로 큰 도움이 되는데, 아파트는 대개 고객들이 어떤 사진을 들고 와서 "이렇게 해주세요" 하는 경우가 많다면 상가는 내가 직접 지시해서 꾸며야 하는 경우가 많은 것이다. 상가를 많이 다뤄본 게 도움이 됐다. 업계에서의 성장은 또 다른데 그야말로 능구렁이처럼 여러 대표님과 두루두루 친해져 커뮤니티를 형성하는 게 중요하다. 인테리어 디자이너가 모이는 소모임도 많으니 그런 데나가 보는 것도 좋다.

나이에 비해 빠르게 성장한 비결이 있을까?

타성에 젖지 않고 발전하려고 노력했기 때문일 것이다. 목수 경력으로 현장 상황을 잘 알고 속속들이 조율할 수 있었던 것도 도움이 된 것 같다. 단순한 육체노동이라도 경쟁력은 만들기 나름이다. 이 업계도 누구든 발전하고자 한다면 얼마든지 더 다양한 기술과 전문성을 갖출 수 있다. 자재든 모티브든 지금도 계속 새로운 게 나오고 있고 나도 계속 배우고 있다. 대표님이 알지만 내가 모르는 게 있고 나는 알지만 대표님이 모르는 것도 있다. 한계를 스스로 만들지 않는 게 중요하다.

인테리어 디자인으로 커리어 패스를 갖추려면 어떤 경로로 입문하는 게 좋은가?

일단 국비 지원을 받아서 직업 전문학교에 들어가라. 이게 첫 시작이다. 신입을 키우기 위해 투자할 의향이 있는 회사가 아니라면 아무런 기술도 없는 사람을 써주진 않는다. 아무래도 다칠 위험성도 있고 사람을 키우는 것도 리스크가 있으니까. 물론 처음부터 전문성을 갖추기는 어려우니 일단 어느 한 공정을 맡아서 일을 해보는 게 좋다. 그래서 직업 전문학교를 추천한 거다. 여긴 지원 받을 수 있는 경로가 많아 사실상 무료나 다름없다. 일이 본인한테 맞는다면 추가적인 기술을 배우면 좋은데 나의 경우 돈을 투자해서 인테리어를 배운 것이다. 이 돈도 목수 일을 하면서 번 것이었다.

일하면서 배울 수 있는 현장은 없나.

직업 전문학교에 가서 기술부터 배우는 것이 빨라서 추천한 것이지 사실 도제식으로 배우는 방법도 있다. 현장에서 기초적인 일부터 배워 나가는 방식이다. 주변에 기능공분들한테 물어 보면 가르칠 사람이 없어서 못 가르친다고 말씀하신다. 현장의 숙련된 기능공분들은 연배가 있다 보니 나이가 젊은 일꾼을 선호하신다. 다만 젊은 사람들이 그런 일을 하고 싶어 하지 않을 뿐이다. 처음부터 배우는 것에 대한 두려움, 혼나면서 힘들게 배우지 않을까 하는 걱정들 때문이다. 아예 인테리어로 가닥을 잡았다면 '인테리어 기술자 통합모임(인기통)' 카페 같은 곳에서 구해 볼 수도 있다.

젊게, 오래, 안 다치고 일하기

건강은 괜찮은 편인가?

일 특성상 아침형 인간이 될 수밖에 없어서 생각보다 건강해진다. 물론 현장에 계신 분들은 나 빼고 대부분 건강이 안 좋으신 편이다. 그런데 그건 그분들이 굉장히 열심히 장시간 노동하기 때문이다. 대표님과 그분의 동기들은 새벽 4~5시까지 일하는 경우도 허다하다. 모두 스타트업에서 그야말로 한 가닥 했던 분들이다. 안 그런 곳이 있겠냐만 건설 쪽도 인맥이 중요하기 때문에 술을 먹는 일이 잦은데 그렇게 마시고 아침 일찍 일어나 또 일을 가신다. 새벽에도 궁금한 거 있으면 언제 든 연락하라고 하시는데 대체 언제 주무시는 건지. (웃음)

일을 하며 가장 유의해야 할 것은 무엇인가?

물론 다치지 않는 것이다. 몸이야 당연히 그렇고 내가 강조하고 싶은 건 마음이다. 생각보다 정신적인 스트레스를 많이 받는다. 현장은 변수가 난무하고 고객과의 커뮤니케이션도 쉬운 일이 아니다. 견적 오류로 추가 비용을 지출한다거나 공정은 이미 끝났는데 고객의 말이 달라질 때라든지. 몸을 챙기는 것뿐 아니라 마음 챙김도 필요한 이유다. 신경이 늘 날카로워져 있다 보니 차에서 명상을 많이 한다.

자신만의 워라밸 기준이 있나?

"저녁의 삶이 네 시간"이다. 나는 워커홀릭이 되고 싶진 않다. 지금도 편하고 널널하게 일하는 편이다. 대표님이 매번 핀잔을 줄 정도다. 물론 일을 더 타이트하게 할수록 마감이 빨라지기 때문에 계약 건을 늘릴 수 있고 이게 수입과도 직결되지만 그렇게 해서는 일을 지속할 수 없다고 생각한다. 나는 소진되고 싶지 않다.

> 젊은 세대다운 마인드다. 다만 현장에선 팀워크가 있으니 모두가 적용할 수는 없을 것 같다.

기능공이라면 공사 일정을 맞춰야 하니 보통 바쁘고 치열하게 일하시는 경우가 많은 것을 알고 있다. 열심히 하지 말란 말이 아니다. 자기 쉼은 자기가 챙겨야 한다는 뜻이다. 직접 자재를 가지러 자처해서 간다든가. 현장에서 벗어나 환기도 좀 하고 틈틈이 잘 쉬셨으면 좋겠다. 현장 소장님들도 그렇지만 나도 억지로라도 꼭 쉬는 시간을 갖는데, 쉬지 않고 일하면 뭐랄까, 시야가 협소해진다. 나무만 보는 것과 같다. 숲과 같이 전체적인 진행 상황을 지켜보고 조율하는 동력은 쉼에서 나온다. 현장을 하나만 할 것도 아니지 않나.

> 하지만 청년 세대에게 육체노동은 대부분 단기 업무라는 인식이 있다.

구체적으로 들여다보지 않고 '일용직', '노가다'와 같은 단어로 단편적으로 인식하는 게 아쉽다. 보통 건설 현장에서 '잡부'라고 하면 물건을 수평으로 나르는 '양중'과 수직으로 나르는 '곰방'을 하는 분들을 뜻한다. 일용직은 대부분 이쪽에 포함되는데 현장엔 목수와 같은 기능공도 많다. 기능공은 종류도 많고 여타 육체노동처럼 단기로 하기 어려운 전문직이다. 배워야 할 것이 많지만 한 번 배워 두면 장기적으로 써먹을 수 있는 기술이기 때문에 오히려 단기 업무와는 거리가 가장 멀다. 기능공이냐 아니냐에 따라 수입이나 불려 가는 현장이 천차만별로 달라지고 그 안에서 구체적인 진로도 정할 수 있다.

'노가다'와 같은 단어가 편견의 뉘앙스를 풍기는 게 사실이다. 목수 일을 결심하기 전 이러한 사회적 시선이 부담스럽진 않았나.

배우고자 하는 의지 없이 투신했다면 그런 시선에서 자유롭지 못했을 수도 있다. 다만 나는 멀리 보고 뛰어들었다. 누구에게는 높은 하루 일당을 받을 수 있는 험한 일일지 몰라도 나에겐 천직이었으니까. 사회적 편견 때문에 커리어가 될 수 있는 일에 애초부터 벽을 두는 건 바보 같은 일이다. 무엇보다 일용직은 일용직이다. 스스로를 '잡부'나 '시다'라는 말 속에 가두면 거기서 더 못 나간다. 사회적 시선에 겁먹고 도망칠 생각부터 하지 말라.

어떤 일을 시작하든 포기하고 싶은 순간이 있다. 나에게 이 일이 맞는지는 어떻게 판단할 수 있을까?

현장에서 실제로 근무하는 분들의 얘기도 들어 보고 일도 배워 보며 내가 원하는 일이 맞는지 생각해 보면 좋을 것 같다. 몸이 힘든 것은 논외로 하겠다. 이쪽 일에 어떻게 접근하든 육체노동을 한 번은 거치게 될 텐데 체력적인 부분이 안 맞으면 어쩔 수 없는 거니까. 오히려 나는 입문 당시에 앞으로 배우고 싶은 게 많았기 때문에 현장에서 잡무처럼 느껴지는 일이 많았고 그걸 견디는 게 어려웠다. 그래도 그런 일이 영원한 것은 아니고 앞으로 차근차근 배워 가게 될 테니 너무 실망하지 않았으면 좋겠다. 일이 잘 늘지 않는다고 느낄 수도 있는데 개인적으로는 세상에 안 느는 일은 없다고 생각한다. 하나하나 적성에 맞는지 배워 보며 진로를 정하는 것도 괜찮다.

평생직장은 없다

육체노동 비율이 높은 일이다. 땀 흘려 일하는 것에 특별함을 느끼나?

군이 그렇지 않다. 공방 시절에도 같은 생각이었다. 주얼리를 만들든 도자기를 만들든 에어컨 틀고 일하지 굳이 땀 흘려 일해야 한다는 생각은 전혀 없다. 폭염일 때는 일하는 게 너무 힘든데 에어컨이 잘 갖춰진 시설에서 일하면 행복하다. 물론 그 '땀'이 다른 의미인 것은 안다. 세상에 하고많은 직업 중에서도 특히 더 '노동스러운' 것에 가까운 직종에 종사하고 있지만 그게 그렇게 특별하다고 느끼진 않는다.

직업에서 자신의 가치를 찾아야 한다는 쪽인가?

어차피 요즘 세대는 힘든 일을 안 하려고 하고 초·중·고교 시절부터 주식을 공부하는 세대 아니겠나. 꼭 모든 가치를 일에서 찾아야 하는 건 아니라고 생각한다. 개인차가 있는 것 같다. 몸 쓰는 일을 해본 사람들은 소득의 크기와 상관없이 노동 자체가 필요하다고 여기는 경우가 왕왕 있더라. 그건 사무직도 마찬가지일 것이다. 그냥 일이 잘 맞는 사람이 있고 아닌 사람도 있는 것이다. 그럼에도 개인적으로 직업을 가지는 건 여전히 중요하다고 생각한다.

즐길 수 있는 일을 선택했기 때문인가?

그렇다. 천직이라곤 했지만 이게 평생직장이라고 생각진 않는다. 다만 내 손으로 무엇인가를 만들고 창조하는 것은 나에게 큰 의미가 있다. 가상의 것이 무의미하다는 것은 아니지만 내가 만들어 낸 것이 내 눈에 보이는 실물이고 결과물이 명확할 때 더 동기 부여가 된다.

노동 가치가 하락하고 자산 가치가 급등하는 시대다.
투자와 저축 중 어떤 것을 선호하나?

둘 다 중요하다고 생각한다. 자산 시장 상황에 따라 다른데 원래 투자도 즐겨 했다. 주식, 코인, NFT 등 안 하는 게 없을 정도로. 최근까지는 NFT 관련 메신저 방을 만들어서 활동했다. NFT 특성상 여기저기 전파가 많이 되어야 하므로 주변에 추천도 하고 관심 있는 친구들과 함께 투자하기도 했다. 러시아의 우크라이나 침공 등을 보면서 변수를 고려해 분산 투자를 하기도 하고 유동적으로 자산을 관리한다. 아시겠지만 지금은 단연 실물 자산으로 눈을 돌려야 할 때가 아닌가 싶다. (웃음) 금 ETF도 고려 중이고, 금리 인상과 경기 침체 등 지켜보는 뉴스가 많다.

투자에 진심인 것 같다. 육체노동 종사 이전부터 주식을 했나?

학창 시절부터 했다. 심지어 비트코인의 존재를 비트코인이 30만 원일 때 알았다. 당시엔 암호 화폐 개념 자체가 생소해서 고점이라고 생각했다. 평생의 후회다. (웃음) 같은 건물 1층에 살던 분이 당시 비트코인 투자로 엄청난 돈을 벌었다고 들었다.

투자로 쉽게 돈 버는 것을 보면 노동 의욕이 떨어지지 않나?

딱히 그렇지 않다. 투자에 익숙하고 열심히 하고 있긴 하지만 동시에 신중히 접근하고 있다. 투자는 내게 파이프라인 같은 것이다. 내게 투자 시장이라는 파이프라인이 있다는 게 오히려 힘이 된다. 애초에 리스크가 있으니 이것에만 기대서 모든 것을 생각하지 않는다. 노동 소득에서 일정 부분을 빼서 투자하는 것이니 당연히 본 직업과 노동 소득에 더 집중한다.

안정적인 자산을 보유하게 되어도 일을 계속할 것인가?

글쎄. 육체를 많이 쓰는 일은 하지 않을 것 같다. 그래도 직업이 없는 삶은 상상할 수 없다. 지금은 인테리어 디자인을 하며 매번 새롭게 태어나는 현장을 보는 것이 즐겁지만 앞으로는 또 모른다. 하고 싶은 것들은 끊임없이 생겨난다. 전혀 다른 분야의 스타트업도 해보고 싶다.

앞으로 시도해 보고 싶은 일은 또 어떤 게 있나?

인테리어 디자인 안에서는 앞서 말한 인스타그램 계정을 만들며 퍼스널 브랜딩에 힘써 볼 생각이다. 가끔 사업 계획서를 써보곤 하는데 플랫폼 앱 사업에 관한 것이다. 키오스크 관련해서도 구상해 본 적이 있다. 소속된 회사에서도 앱 출시를 준비하고 있는데 좋은 경험이 될 것 같다.

김민지는 스물 아홉 살 목수다. 대학 모델과에 진학했으나 적성에 맞지 않는 것을 깨닫고 중퇴 후 유럽과 동남아시아를 비롯해 세계 각지로 여행을 떠났다. 한국에 돌아와 내일배움카드 직업 훈련 프로그램으로 목재 가구반 수업을 듣다 목공의 매력에 빠졌다. 목조 주택을 짓는 외장 목수로 시작해, 현재는 실내 인테리어를 담당하는 내장 목수로 일하고 있다. '팀 아홉시반' 소속이다.

나무를 다듬어 공간을 만들다

본인을 한 문장으로 소개해 달라.

현장에서 일하는 스물아홉 살 목수 김민지다. 2019년 7월 목
조 주택 빌더로 시작해 현재는 내장 목수로 일하고 있다.

목수치고는 젊은 편이다. 이전에도 비슷한 일을 했나.

대학에서 모델과를 전공했다. 학교를 통해서 일이 많이 들어
와 프리랜서 개념으로 모델 일을 했다. 주로 패션을 전공한 학
생들의 졸업 작품 쇼나 뮤직비디오, CF 등에 출연하는 것이
었다.

**사실 처음 봤을 때 장신長身에 압도 당했다. (웃음) 누군
가는 선망하는 직업일 텐데 모델 일은 왜 그만뒀나.**

옷 입는 것은 좋아했지만 내가 좋아하는 옷을 입고 싶었다. 캐
주얼한 옷을 좋아하는데, 나와 어울리지 않는 의상을 입었을
때 남의 옷을 입은 것처럼 불편했다. 옷을 표현하는 법 자체를
잘 모르겠더라. 다른 친구들은 나와 달리 동작이나 표정을 활

용해 패션을 잘 살리는 것을 보며 내가 모델 일과 맞지 않다는 걸 깨달았다. 그래서 휴학하고 몇 년간 유럽과 동남아 등지를 여행 다녔다. 근로 비자를 취득해 파트타이머로 일도 했다. 그러다 몇 년 후 한국에 돌아와, 취미 삼아 내일배움카드 직업훈련으로 가구 만들기를 배우기 시작했다.

모델과 목공, 완전히 다른 분야인데 관련 지식이 없어도 가능한 일이었나.

처음 수업을 등록할 때 전공은 무관하다고 안내를 받았다. 실제로 수강생 전원이 비전공자였다. 첫 한 달은 계속 디자인 프로그램만 만졌다. 건축 도면을 만드는 캐드와 공간 내부를 디자인하는 3D 맥스를 배우고 어도비 포토샵과 일러스트 다루는 법도 익혔다. 처음 나무를 만져 본 것은 등록 후 한 달이 지나서였다. 나무끼리 폼form을 만들어 직각 짜맞춤을 만드는데, 그 단순함 속에서도 깔끔한 결과물이 나오면 뿌듯했다.

취미반으로 시작한 경우인데 어떻게 업으로 삼을 결심을 했는지 궁금하다.

학원을 다니며 스스로 소질이 있다고 느꼈다. 전체 수강생 중

1등을 할 정도였고 선생님들도 잘한다고 칭찬해 주시니 자신
감이 더 붙었던 것 같다. 문제는 실제로 취업을 하기까지였다.
사업자 등록을 하려는 게 아니라면 자격증은 불필요하다고
들었다. 그래서 공부보다 취업을 우선순위로 뒀으나 막상 여
자는 잘 뽑지 않았다. 무거운 자재를 운반하는 등 물리적인 힘
을 요하는 일이 많기 때문인 듯하다.

꼭 목수가 아니라도 건설 현장에선 여성을 잘 뽑지 않
는 공정들이 많다. 어떻게 일을 시작할 수 있었나?

인터넷에 '여자 목수'를 검색하다 목조 주택을 짓는 한 목수
분이 운영하는 블로그를 발견했다. '여자 목수를 키워 보고
싶다'는 글을 읽고 연락 드렸다. 어쩌면 운이 좋았다. 그분에
게서 현장 일을 배우며 목조 주택 빌더builder로 일을 시작했다.

빌더는 어떤 일을 하나?

주택의 뼈대를 세우는 역할이다. 두껍고 무거운 구조재를 사
용해 건물 전체의 하중을 견디는 구조물을 주로 만들었다.

손수 만든 주택이 결과물로 나오면 애정이 무척 클 것

같다. 누군가 실제로 몸을 담고 살아가는 공간이 되지 않나.

물론 애정이 가지만 개인적으로는 주거 공간보다 가게 건축물에 대한 애정이 더 크다. 가게를 오픈하려는 사장님들로부터 목수를 찾는다는 연락이 종종 온다. 본인이 셀프 인테리어를 하면서 함께 매장 오픈 준비할 사람을 구하는 것이다. 와인바, 이자카야, 카페, 책방 등 다양한 공간을 작업했지만 그중에서도 한 이자카야 사장님이 제일 기억에 남는다. 처음 만드는 자신만의 공간인 만큼 잘 꾸며 보겠다는 사장님의 진심이 보였다. 그런 경우 목수들도 더 열심히 하게 된다.

빌더로 일하며 기억에 남는 작업이 있다면.

특정 작업이 기억에 남는다기보단 높은 구조물 위에 올라가 풍경을 감상하며 목자재를 만지는 것이 좋았다. 빌더 초반엔 여름 별장이나 주말 주택을 주로 작업했는데, 그런 곳들은 보통 조용한 시골에 있다. 산 중턱에 위치한 터에 목조 프레임을 세우고, 높이 5미터 정도 되는 지붕 위로 올라가 작업하곤 했다. 경치가 너무 좋아서 하늘이나 산등성이를 바라보며 넋 놓고 앉아 있던 적도 많다.

<u>외부 현장에서 일하는 만큼 날씨 영향을 받지는 않나.</u>

그게 약간 단점이다. 한창 작업하다가 하늘이 흐릿흐릿해지면 주택 위로 천막을 높게 쳐놓고 그 안에서 할 수 있는 작업을 먼저 하는 편이다. 장마철에는 보통 작업을 중단했다가, 비가 멈춘 틈을 타 빠르게 목재에 방수 처리를 한다. 겨울에 눈이 내리면 눈송이들을 입김으로 솔솔 불어 내면서 작업하기도 한다.

외장 목수에서 내장 목수로

<u>현재는 내장 목수로 일을 하고 있다. 외장 목수와 내장 목수의 차이는 무엇인가?</u>

외장 목수, 즉 빌더는 집의 뼈대를 만드는 반면 내장 목수는 집 안을 목재로 꾸미는 모든 작업을 담당한다. 내부 인테리어를 떠올리면 쉽다. 도배된 벽과 벽 사이에 몰딩을 하고, 없던 벽을 만들고, 공간에 딱 들어맞는 목조 가구를 짜맞추기도 한다. 쓰는 재료도 다르다. 빌더일 땐 90밀리미터나 140밀리미터의 두껍고 무거운 구조재를 사용했던 반면 내장 목수가 되면서는 30밀리미터 두께의 훨씬 얇은 각재로 벽을 세우는 법

을 배웠다.

같은 목수라도 하는 일이 아예 다른데, 적응할 때 어려운 점은 없었나.

새로운 규격에 적응하는 것 외에 특별히 어려운 건 없었다. 빌더에 비해 내장 목수는 다양한 작업들을 하는 편인데, 나는 내가 지금 하는 내장 목수 일이 더 잘 맞아서 빌더로 돌아갈 것 같진 않다.

현재 '팀 아홉시반'에서 일하고 있다. 어떻게 만들어진 팀인가?

팀장님을 주축으로 현장에서 만나 같이 일하던 사람들이 모여 만든 팀이다. 나는 2021년 3월에 합류했다. 빌더로 일할 때 내장 목수 일을 배워 보고 싶었고, 그 이야기를 들은 지인의 소개로 들어오게 됐다. 팀장님과 나를 포함해 총 열 명으로 이뤄져 있다.

<u>팀원들의 나이대가 궁금하다.</u>

20대 후반인 내가 제일 어리고 그다음은 30대 초반, 그다음은 40대 초중반 분들이다. 목수 팀 중에선 젊은 편이다. 최근엔 우리 팀 외에도 20, 30대 목수 팀이 간혹 보인다. 유튜브나 매체에 현장직이 종종 소개되며 흥미를 갖는 분들이 많아지는 것 같다.

<u>개인 목수로 일할 때에 비해 팀으로 일하면 무엇이 좋은가?</u>

우선 일이 계속 들어온다. 혼자서 일을 구하는 것보다 여러 반장님들과 한 팀에 있으면 작업 간 공백이 적다. 개인적으로도 작업이 들어오지만, 함께 일할 인원은 내가 속한 팀에서 구한다. 그만큼 실력도 있고 호흡이 잘 맞는 사람들이기 때문이다.

<u>같이 일하는 팀원들은 어떤 분들인지 궁금하다. 목수를 하기 전 어떤 일을 하셨나.</u>

배경은 각기 다양하지만 이전에도 몸 쓰는 일을 했던 팀원분들이 꽤 많다. 체육 교육을 전공한 팀원이 셋이나 된다. 한 명

은 체육 교사를 하다가 인테리어에 관심이 생기며 교직을 그만뒀고, 또 다른 한 명은 육상 선수 출신인데 체육을 계속할지 새로운 진로를 찾아볼지 고민하다 목수 일에 뛰어든 케이스다. 어떤 분은 아버지가 목수인 집안에 태어나 어릴 때부터 목수 일을 알음알음 시작하셨다. 벽돌이나 돌을 쌓는 조적공 일을 6년 정도 하다가 목공 기술을 배워 목수로 전향한 분도 있다.

현장에는 수많은 공정이 있는데, 아홉시반의 팀원들이 굳이 목수를 택한 이유가 무엇이라 생각하나.

제각기 다를 거다. 나는 재밌어서 시작했고, 재밌어서 계속하고 있지만 돈이 우선이라 하는 사람도 있고, 본인이 만든 작업물에 뿌듯함을 느끼며 일하는 사람도 있다. 목수라는 직업의 특성을 좋아하는 경우도 있다. 목수는 정말 정답이 없는 일이라고들 많이 말한다. 같은 마감이라도 과정에서 다양한 방법을 응용하고 만들어 낼 수 있다. 그래서인지 다른 공정들에 비해 반복이 덜하고, 배워야 할 기술들이 많다.

팀 소속이지만 나름의 프리랜서인데, 정해진 출퇴근 시

<u>간이 있나.</u>

보통은 아침 8시 출근, 오후 5시 퇴근이다. 작업 의뢰인의 일정에 맞춰야 할 때는 야근도 한다. 한 번은 새벽 1시까지 한 현장의 작업을 마감한 뒤, 새벽 5시에 바로 다음 현장으로 출근한 적이 있다. 야근 수당은 하루 일당의 50퍼센트이며, 야근 시간이 길어지면 하루 일당이 추가로 지급된다. 한 현장이 끝날 때 일당을 기준으로 공수(일정한 작업에 필요한 인원수를 노동 시간 또는 노동일로 나타낸 수치)를 확인하고서 한 번에 받는 편이다.

<u>목수의 초봉이 궁금하다. 다른 공정들보다 기술이 중요한 만큼 보수도 높을 것 같은데.</u>

경력 없이 처음 목수 일을 하면 일당 8~12만 원 선에서 시작한다. 인력소 일보다도 못 받는 경우가 많다. 일을 가르쳐 주면서 하다 보니 현장 전반적으로 속도가 느려지기 때문이다. 목수는 보통 입문-초목-중목-기공 단계를 거친다. 나는 지난해 3월부터 팀에서 내장 목수로 시작해 현재는 초-중목 단계라 생각되지만, 팀장님의 권유로 현장에서 반장 역할을 하고 있다.

빠르게 승진한 편이다. 반장의 일은 일반 목수에 비해 무엇이 다른가?

현장에 필요한 자재, 부자재를 파악하고 현장에 투입된 인원에게 각자 역량에 맞게끔 업무를 분배한다. 또 현장 관리자 혹은 소비자와 직접 소통하며 현장을 풀어 나간다. 그만큼 '반장대'라는 일당 외 추가금이 지급된다. 보통 3~5년 정도 경력이 쌓이면 맡는데, 지금 있는 팀에서 나를 좋게 봐주신 덕이다. 반장에서 승진하면 팀장이 된다. 거래처 관리와 업체와의 소통, 일정에 따라 인원을 배분하는 일을 하는데, 팀장급은 잘하면 한 달에 1000만 원씩도 번다.

현장 일을 하면 큰돈을 벌 수 있단 말은 익히 들었으나 상상을 뛰어넘는다. 돈 모으는 재미가 있겠다.

현장의 다른 공정과 비교해서도 목수가 인건비가 센 건 사실이다. 아마 실력이 눈에 드러나는 작업이라서 그런 듯하다. 하지만 돈 때문에 하는 일은 아니다. 일이 재밌고 사람이 재밌어서 한다.

사람이 재밌다는 건 어떤 의미인가?

현장에서 일하다 보면 다양한 사람들을 만난다. 매번 같은 동료와 같은 공간에서 만나는 사무직과 다르다. 팀원도, 업체도, 고객도 모두 유동적이다. 현장에서 만난 다른 목수들이 내가 이때까지 보지 못했던 방식으로 마감을 만드는 과정을 볼 때면 신기하다. 또 사람마다 취향이 다른 걸 보는 것도 재밌다. 예를 들어 내가 보기엔 이 현장에선 이런 모양의 문이 예쁠 것 같다고 제시했는데, 고객은 완전히 다른 문 디자인을 요청하기도 한다. 같은 현장을 보더라도 사람마다 관점이 다르다는 게 새삼 신기하다.

사무직과 달리 성장에 대한 압박이 없는 것도 좋을 것 같다.

꼭 그렇지도 않다. 목수를 시작하고 일정 기간이 지났을 때 어느 정도의 작업 속도를 내야 한다는 업계의 암묵적인 요구는 있다. 조금 전 말한 초목, 중목, 상일꾼과 같은 제도도 그래서 생겨난 것이다. 역량을 토대로 단가가 책정되기 때문에 개인에 따라서 스트레스가 완전히 없는 일은 아니다. 하지만 재밌게 할 수 있는 일이다. 주변 사람들에게도 자주 말한다. 지금

다니는 직장 말고, 좀 더 잘 맞는 일을 찾아보면 안 되나. 그만한 스트레스 안 받고도 할 수 있는 일이 생각보다 많을지 모른다.

생각한 대로 나오는 일

<u>목수라는 직업의 장점이 궁금하다.</u>

생각한 대로 나온다. 사무직도 그렇고 어떤 일을 하더라도 내가 처음 예상했던 것과 다른 결과물이 나올 때가 굉장히 많다. 그런데 목수가 상상하는 일은 현실이 된다. 단, 생각을 진짜 많이 해야 한다. 목수가 머리를 쓰지 않고 몸만 쓰는 직업이라 생각한다면 오산이다. 사람이 이동하는 동선과 통과할 수 있는 치수, 신체 구조에 맞는 가구 규격과 길이 등 모든 종류의 숫자에 예민해야 한다. 수직과 수평을 잡는 것도 기본 중의 기본이다. 그래서 늘 작업하기 전 머릿속으로 시뮬레이션을 돌리며 작업한다. 그걸 생각 안 하고 시작하면 나중에 모든 공정과 팀이 힘들어진다.

시뮬레이션을 돌린다는 게 구체적으로 어떤 것인가?

예를 들어 타일 벽과 맞닿은 곳에 목재 작업을 한다고 치자. 도장을 하면 어떤 모양새가 나올지, 그 벽에 붙일 타일의 두께는 몇 밀리미터고, 타일과 벽 중간에 쓰는 접착제의 두께는 어느 정도일지, 그 본드의 종류에 따라 여유 치수는 최대 몇 밀리미터까지 둘지를 고려해야 한다. 이후 공정들이 편하고 마감이 잘 나오게 하는 것이 핵심이다. 마감이 잘 안 되면 결국 다 뜯어내고 처음부터 다시 해야 한다.

여러 공정을 거쳐 완성하는 일인 만큼 팀원 간의 소통이 중요하겠다.

그렇다. 현장에서 중요한 것은 결국 결과물이다. 방식의 차이가 있으나, 현장 책임자가 원하는 모양이 있다면 어떻게든 그 마감이 나오게만 하면 된다. 그런데 작업자와 소통의 착오가 생겨 수직, 수평이 틀려 버리면 골치 아프다. 팀원들끼리는 대체로 소통이 수월한데, 현장에서 새롭게 만나는 팀 외부 사람들이 어렵다. 어딜 가나 제일 힘든 것은 사람인 것 같다.

현장 일이라 몸이 가장 힘들 줄 알았다. 사람이 어렵다

니 의외다.

경력을 속이는 사람들이 제일 골머리다. 처음 보는 사람들과 매번 새로운 작업을 해야 하는데, 기술직이다 보니 실력을 입증하기도 어렵다. 기술자라고 해서 불렀는데 알고 보니 경력은 길어도 안 해본 작업이 수두룩해 속도가 안 나면 처음 예상했던 공사 기간에 마감을 맞추기 어렵다. 혹은 수직, 수평 같은 기본을 무시해 버리고 작업하면 처음부터 다시 작업해야 한다. 그 사람이 해놓은 일이 내일의 내 일이 될 수 있다.

체력은 괜찮나. 무거운 자재를 옮기고 조립하는 과정에서 힘을 많이 써야 할 것 같다.

외장 목수로 일했을 때와 비교하면 현재는 힘을 훨씬 덜 쓴다. 사용하는 자재부터 목조 주택 자재에 비하면 한결 가볍다. 석고 보드 한 장이 9킬로그램인데 나는 한 번 나를 때 네 장 정도 운반한다. 경력 많은 어르신들이 무리하지 말라, 두 장씩만 옮기라 해도 빨리 옮기고 빨리 작업을 시작하고 싶은 마음에 한 번에 여러 장을 옮긴다.

9킬로그램짜리 네 장이면 36킬로그램 아닌가? 내장 목수라 해도 어느 정도 힘이 세야 할 수 있는 일인 듯하다.

생각해 보니 원래 체력이 좋은 편인 것도 맞다. (웃음) 내 기준
에선 할 만하지만 주변 목수분들 얘기를 들으면 힘들어 하시
는 경우도 더러 있다. 예를 들어 목수가 하는 작업 중 천장에
석고 보드를 한 손으로 고정하고, 다른 손으로 타카(못이나 스
테이플러 심과 유사한 고정용 핀을 벽에 박는 도구)를 쏘는 작업이
있다. 남자분들 중에서도 이 작업 자체를 어려워하는 사람들
이 있다. 힘도 힘이지만 개인적으로는 요령과 기술이 더 중요
한 작업이라고 생각한다.

누가 가르쳐 준다고 잘하는 일이 아니겠다. 업계에서
생각하는 '일 잘하는 목수'의 기준이 있다면?

아까 말한 것처럼 시뮬레이션을 잘 돌려야 한다. 내가 처음 계
획했던 것이 정확한 결과물로 나올 수 있도록 치밀하게 상상
해야 한다. 가끔 현장에서 변태처럼 치수를 계산하는 분들이
있는데 그런 분들을 보면 신기하다. (웃음) 벽 하나 두께를 잡
을 때도 나무+판지+공백의 치수를 단 1밀리미터의 오차도 없
이 계산한다. 또 집 지을 때 자재 로스loss가 많이 생기지 않도
록 하는 것도 능력이다.

로스를 줄인다는 것이, 불필요하게 낭비되는 재료를 최
소화한다는 뜻인가?

그렇다. 목재를 어떤 선으로 어떻게 자를지, 또 어떤 도구를 어
떤 방식으로 쓸지 최선의 판단을 내려야 한다. 예컨대 똑같은
아치형 문을 제작하더라도 그 결과물을 만드는 방법은 목수의
실력에 따라 수십 가지가 된다. 원형 선을 따기 위해 컴퍼스처
럼 생긴 트리머라는 공구를 쓸 수 있지만, 그 공구가 없을 때
는 다른 방식으로 결과물을 만들어야 한다. 현장에 내가 원하
는 공구가 없을 때를 대비해 최대한 다양한 작업 방식들을 익
혀 두는 것이 목수의 실력을 결정한다.

나만의 기준을 찾아라

아무리 타 공정에 비해 기술이 중요하다고 해도, 목수
는 체력이 많이 소진되는 직업 같다. 이 일은 얼마나 오
래 할 수 있을까?

보통 50~60대까지도 많이들 하신다. 70대까지도 봤다. 다른
공정은 해보지 않아서 잘 모르지만, 웬만한 현장 일이 힘든 건
사실이다.

그만두고 싶을 때는 없는가.

딱히 없다. 힘든 것은 순간이다. 이건 목수라는 직업보단 내 성격과 맞닿아 있는 부분 같다.

나이와는 별개로, 목수라는 직업의 미래를 어떻게 보는 지도 궁금하다.

시장 자체는 미래가 매우 밝다. 수도권 중심으로 상가를 계속 짓는 추세고, 가게들은 들어왔다 나갔다를 반복한다. 기존 상 가나 주거 공간을 리모델링하는 경우도 굉장히 많다. 요즘은 취향에 투자하는 분들이 점점 느는 것 같다. 아무리 새로 이사 하는 집이 원래 깔끔하고 좋다고 해도 내가 오래 살아갈, 일상 에서 가장 오랜 시간을 보낼 공간을 나에게 알맞게 꾸미고 싶 은 것은 당연한 욕구 아니겠나. 그런 분들을 위해 우리가 있다.

수요는 확실하단 말로 들린다. 혹시 본인의 집을 직접 짓고 싶다는 생각은 해본 적 없나. 다른 사람의 취향만 충족시키기엔 본인이 가진 기술이 아까울 것 같다.

목조 주택 빌더로 처음 일할 때는 '내 집을 만들어서 내가 살아야지' 하는 생각이었다. 그런데 지금은 좀 더 배우고 싶고, 그래야 할 것 같다. 이상하게 들릴 수 있지만 나는 일이 너무 재밌다. 팀 내에서도 워커홀릭이라 불린다. 팀장님이 "주말에는 좀 쉬자" 해도 나는 나가서 일하자고 하는 편이다. 내가 어떤 결과물을 소장하고 싶은 욕구보단, 다른 사람을 위한 결과물을 완성하는 과정에서 스스로가 성장하고 싶은 욕구가 아직 크다.

단순 반복보단 기술이 중요한 분야인데, 실무 외의 공부가 더 필요하다고 느낄 때는 없나?

예전에 빌더로 일할 땐 건축학과에 진학해서 건축을 공부할까도 생각했다. 그런데 당장의 나는 현장에서 일하는 게 재밌다. 그래서 아직은 보류다. 목수들 중에 유럽, 북미, 호주 등으로 유학 가는 사람들도 더러 있다. 보통은 그 나라의 스타일을 배우기 위해 가는 것이다. 스타일도 기술이기 때문이다. 하지만 나는 지금 한국에서도 배울 게 너무 많고, 한국의 스타일을 익히고 싶다.

최근 현장 일을 하시는 분 중 콘텐츠 크리에이터를 겸

하는 분도 많아지고 있다. 혹시 유튜브 생각은 없나.

'여성' 목수라는 이유로 주목받을까 봐 아직은 조심스럽다. 한 번은 주변에서 '여자라서 우대한다'는 시샘을 받은 적 있다. 나는 남녀 상관없이 실제로 다른 사람보다 일을 빨리 배우는 편이다. 그 때문에 억울할 때가 종종 있다. 여자라고 이슈화되는 것 자체를 별로 좋아하지 않아서 방송 출연 제의가 와도 거절하는 편이다. 내가 이미 이 업계에서 충분히 잘하고 인정받은 사람이면 '여자 목수 중에도 기술자가 있다'며 기분 좋게 인터뷰할 수 있겠지만 아직은 갈 길이 멀다.

우리나라 교육 커리큘럼상, 목수를 진로로 생각하는 것 자체가 흔치 않은 일이다. 목수라는 직업을 고민하는 사람에게 조언한다면.

내가 잘할 수 있을 것 같고, 해보고 싶은 일이라면 우선 도전했으면 좋겠다. 특히 여성분들에게 그렇게 말하고 싶다. 이미 현장에 남자들이 많아서인지 젊은 남성분 중에는 목수에 입문하는 사람이 많다. 그런데 여성분들 중에선 인스타그램을 통해 내게 질문을 하시는 분들은 종종 있지만 막상 현장에서 만나는 여성의 비율은 아직 매우 낮다. 고민을 충분히 한 뒤

확신이 생긴다면, 걱정은 잠깐 제쳐 두고 현장 일을 시작해 보라.

충분히 고민하라는 것은 몸이 힘들기 때문인가?

그건 아니다. 최근 유튜브에 '목수 연봉 1억 원'과 같은 콘텐츠가 많이 올라온다. 그런 영상을 보고 '현장 일, 별것 아니겠는데? 나도 몸 쓰는 일을 해서 돈 벌어 볼까?'라는 마음으로 쉽게 일을 시작했다가 금방 포기하는 경우를 많이 봤다. 단순히 돈을 벌기 위해서가 아니라, 나무를 만지고 공간을 만드는 일을 좋아하는 것이라면 뛰어들어 볼 만한 일이다.

과거엔 잘하는 일과 좋아하는 일 사이에서 고민했다면, 요즘 20, 30대들은 본인이 무엇을 좋아하는지조차 잘 모르는 경우가 많은 것 같다. 아직 가슴 뛰는 일을 찾지 못한 청년들에게 해주고 싶은 말이 있다면.

현실적인 조건도 고려해야 하고, 주변인의 조언에 귀 기울이는 것도 물론 필요하다. 누구나 지금 직장을 그만두고 새로운 일에 도전하라 말하는 것도 아니다. 다만 어떤 직업을 택하든 그 전에 자신만의 기준을 먼저 세워 뒀으면 좋겠다. 본인이 무엇을 좋아하는지, 스스로 질문하고 답할 수 있을 때 선택한 직업일수록 행복하게 일할 수 있을 것 같다.

노다니엘은 서울시 관악구의 환경 공무관이다. 기타 전공으로 백석예술대학에서 실용음악과를 졸업 후 그룹 '타임콘체르토' 등의 소속으로 기타리스트 생활을 이어 갔다. 실용 음악 학원 입시 수업과 개인 레슨 및 각종 아르바이트를 병행했으나 20대 후반에 접어들며 이상과 현실의 괴리를 깨달았다. 안정적인 수입이 보장된 직장을 찾던 중 환경 공무관이라는 직업을 알게 됐다. 현재 관악구 지역 수거팀 환경 공무관으로 근무하며 2014년부터 이어온 밴드 '애시드로즈' 활동을 병행하고 있다. 유튜브 채널 〈기타미화원〉을 운영 중이다.

3

노다니엘 ; 좋아하는 일과
돈을 버는 일

새벽을 청소하다

본인을 소개해 달라.

낮에는 밴드 '애시드로즈'의 기타리스트, 밤에는 서울 관악구 신림동의 환경 공무관으로 일하고 있다. '환경미화원'이라는 이름이 익숙한 분들이 많으실 텐데, 인식이 좋지 않아 몇 년 전 공식 명칭이 바뀌었다.

환경 공무관으로서의 하루 일과가 궁금하다.

우선 환경 공무관은 크게 세 팀으로 나뉜다. 가로 청소팀, 지역 수거팀, 그리고 집하장팀. 가로 청소팀은 우리가 흔히 생각하는 도로변의 쓰레기와 낙엽을 쓸어 담는 사람들이다. 지역 수거팀은 재활용품이나 폐기물 등을 트럭에 실어 집하장으로 옮기고, 집하장팀은 그걸 분류한다. 나는 여기서 지역 수거팀에 속한다. 새벽 4시가 되면 오토바이를 타고 지정된 휴게실로 출근한다. 작업복으로 갈아입고, 보호 장구를 갖춘 뒤 지도를 챙기고 나선다.

그날 들러야 하는 지점들이 지도에 표시돼 있나?

그렇다. 우리 팀은 재활용 쓰레기와 대형 폐기물, 이렇게 두 가지를 수거한다. 대형 폐기물의 경우 버릴 때 동사무소에 신고하고 스티커 붙여서 버리지 않나. 누가 무엇을 내다 놨는지 동사무소 측이 매일 업데이트해서 팀별로 지도를 배부한다. 우리는 지도를 갖고 오토바이를 타고 다니며 그 위치에 있는 물품들을 수거한다.

오토바이를 탄다는 것이 특이하다. 보통 환경 공무관분들은 커다란 트럭을 타고 다니시는 줄 알았다.

일과가 선작업과 후작업으로 나뉜다. 선작업 때는 수거 차량이 지나가지 못하는 작은 골목들을 오토바이로 다니며 재활용품을 수거해서 큰길로 빼낸다. 말하자면 중간 집하 과정이다. 그게 한두 시간 걸리는데, 4시 반쯤부터 수거 차량이 와서 그때부터 코스대로 다니며 수거를 해간다. 그렇게 쓰레기 집하장으로 왔다 갔다 하는 걸 서너 번 정도 반복하는데, 우리는 그걸 "세 차를 실어 냈다", "네 차를 실어 냈다"라고 한다. 최근엔 코로나 영향으로 사람들이 배달 음식을 많이 먹어서 플라스틱 배출량이 늘어 여섯 차까지 실어 내는 경우도 종종 있다.

보통 직장인들의 점심시간처럼 중간에 쉬는 시간도 규칙적인가?

아침 7시쯤 밥을 먹고 잠깐 쉬다 8, 9시쯤부터 두 번째 작업에 들어간다. 이때부터 남은 재활용품을 수거하고 대형 폐기물을 싣기 시작한다. 장롱, 소파, 가전제품 등 다양하다. 정말 멀쩡한 냉장고여도 버리는 경우가 많다. 특히 잘 사는 동네에 가면 아직 괜찮은데 내버리는 품목들을 보며 조금 아깝기도 하다.

장롱에 냉장고라면 엄청 무거울 텐데. 직접 트럭에 싣는 건가?

우선 싣고 본다. 그래서 가끔은 이삿짐센터 직원이 된 기분이다. 그냥 넣었을 때 트럭에 실리지 않는 것들이 많기 때문에 부피가 큰 가구는 부순다. 그러다 보니 이젠 어떤 품목을 봐도 부술 수 있는 것과 없는 것으로 나뉘어 보인다. 저 장롱은 이 부분에 힘을 줘서 부수면 되겠고, 저 의자는 철제로 마감이 됐으니 부수기가 어렵겠고 등등. 폐기물 파손하고 싶은 소리가 우당탕탕 나면 인근 주택가에서 민원이 들어오기도 한다.

아까 좁은 곳은 트럭이 못 들어간다고 하지 않았나. 좁

은 길에 버려진 큰 가구들은 어떻게 처리하는지?

트럭이 다니는 길까지 직접 옮겨 놔야 한다. 차가 다닐 수 있는 큰 도로가 많은 곳에서 근무하면 좋겠지만 내가 일하는 동네는 골목이 미로처럼 어지러운 편이다. 그나마 팀원이랑 같이 옮기니 낫다. 보통 두세 명이 한 팀이 되어 일한다. 그렇게 보통 낮 12시까지 일하고, 나머지 한 시간은 작업복 세탁을 비롯해 신변 정리를 하고선 오후 1시에 퇴근한다.

야근의 개념도 있는지 궁금하다.

원래는 밤 12시에 출근해서 그날 할당량이 끝날 때까지 일했다. 추가 수당은 없고 야간 수당 정도 받았다. 그런데 지금은 중대재해처벌법이 생기면서 시간이 고정됐다. 일이 많든 없든 정해진 시간이 되면 퇴근할 수 있게 됐다.

밤에 일하는 것도 생각보다 괜찮을 수 있겠다. 일반 직장인보다 병원이나 은행 방문도 수월할 것 같고.

다른 사람보다 일찍 일어난다는 점이 장점이 되기도 한다. 어떻게 보면 자기 할 일을 착실히 하는 성격에겐 오히려 괜찮은 직업이다. 햇빛도 잘 보고. (웃음) 하지만 우리는 구청 소속 환경 공무관이라 나름 괜찮은 시간대에 일하는 것이지, 외주 업체분들은 상황이 다르다. 최근에는 구청 측이 환경 공무관 업무를 외주 업체로 많이 넘기는 분위기다. 그분들은 아직 저녁 8시부터 새벽 5시까지, 정말 해를 보기 어려운 시간대에 일한다.

이상과 현실이 다를 때

이 일을 시작한 계기가 궁금하다.

기타를 전공해서 백석예술대학을 졸업했다. 실용 음악 학원에 강사로 취직해 10년 가까이 기타 레슨을 했다. 그 외에 공연이나 활동 같은 것들은 수익 목적이 아니라 음악적인 성공을 위해서 했던 일들이다. 그러다 스물아홉에 갑자기 세상 물정에 눈을 떴다. 사랑하는 사람과 결혼하려면 어느 정도 돈이 필요한지도 그때 처음 알았다. 철이 없었다.

이상과 현실이 다르다는 걸 문득 깨달은 것인가?

그런 것 같다. 정말 문득이다. 사랑과 이별을 겪다 보니 보이더라. 20대 막바지에 다다라 현실적인 것들을 마주하자 막막했다. 학원에선 수강생 수만큼 월급을 받는데 매달 학생 수도 달라 수익이 일정치 않았고, 학생 수가 많다 해도 수강료를 학원과 일대일로 나눠 가지니 돌아오는 게 얼마 없었다. 학원도 두세 군데 뛰고 개인 레슨도 따로 했지만 월수입이 150~200만 원 선이었다. 잠을 줄이고 오전에 편의점 아르바이트까지 더해 최대한으로 벌어도 월 300만 원을 못 벌었다.

돈을 벌려고 임상 실험까지 고민했다고 들었다.

가난할 당시엔 큰 고민이었다. 돈인가, 건강인가. 결국 실제로 참여하진 않았으나 당시 신청 직전까지 갔던 병원에서 아직도 문자가 온다, 혹시 참여할 생각 없는지. (웃음) 그러다 서른을 맞았다. 기술도 없고 기타 치는 것 외에 할 줄 아는 것은 아무것도 없었다. 다른 분야를 새롭게 시작하려 해도 마음이 쉽게 서지 않고 나이도 걸렸다. 청년내일배움센터라는 곳에 가서 취업 연계 과정에 들려 했는데 그곳에 가서도 새로운 분야의 취업이 현실적으로 불가능하다는 걸 깨달았다. 그때 우연히 어떤 신문 기사에서 환경미화원이라는 직업이 생각보다 괜찮다는 글을 보게 됐다.

반가운 기사였을 것 같다. 대한민국 취업 시장은 특히 학력이나 살아온 배경 등을 꼼꼼히 따지지 않나.

여기저기 구직 실패를 경험한 나로선 너무 반가웠다. 또 특별히 요구하는 기술도 없었다. 체력 검정 시험과 면접만 본다는 데 자신 있었다. 당시엔 환경 공무관이 빗자루로 거리의 쓰레기를 쓸어 담는 일만 하는 사람인 줄 알았다. 대형 폐기물을 드는 등 체력적으로 힘든 일을 할 거라곤 생각지 못했다. 아무튼 편의점 아르바이트가 차라리 더 힘들면 힘들었지, 환경 공무관은 정말 무리 없이 해낼 수 있을 것 같았다.

완전히 처음 해보는 일인데, 준비 과정은 따로 없었나?

필기시험은 따로 없었고 체력 시험을 보러 가기 전 나름 연습했다. 시험 유형은 지역구마다 다르지만 가장 보편적인 것이 20킬로그램짜리 모래 마대 같은 것을 들고 일정 구간을 달리는 것이다. 아무래도 물리적인 힘을 요하는 직업이라 미리 지구력 테스트를 하는 것 같다. 혼자 쌀 마대를 들고 동네를 뛰며 시험장에서의 시뮬레이션을 미리 돌려 보던 기억이 난다.

합격한 뒤 엄청 기뻤을 것 같다. 처음으로 안정적인 직장을 얻은 것 아닌가.

제2의 인생이 시작된 것 같더라. 50명 지원자 중 여섯 명만 뽑는데 내가 거기에 든 것이다. 계약서 쓰고 바로 투입됐다. 사전 교육 같은 것은 따로 없었고, 현장에서 보고 눈치껏 배웠다. 처음엔 좀 얼떨떨했는데 금방 적응했다.

'환경미화원' 하면 안 좋은 인식을 갖고 있는 사람도 꽤 있다. 합격 소식을 듣고 주변의 우려는 없었는지.

부모님은 안전상의 이유로 약간 걱정하셨지만 친구들은 대다수 응원해 줬다. 또 내 입장에선 오히려 불필요한 편견을 가진 사람들을 내 관계망에서 거를 수 있다는 점이 좋다. 직업에 귀천이 있다고 생각하는 사람을 군이 내가 만날 필요는 없지 않나. 주변의 우려는 있었으나 불필요한 시선을 신경 쓴 적은 없다.

친구들 중 음악을 전공한 사람이 많을 것 같은데, 그분들은 요즘 뭘 하시는지 궁금하다.

음악은 대부분 그만두고 다른 일들을 한다. 건설 현장 일도 하고, 화물차를 운전하는 친구도 있다. 여자인 친구들 중에선 네일 아트 같은 뷰티 분야에 종사하는 친구들이 꽤 있다. 음악 전공을 살리려고 장비를 구축해서 렌탈 사업을 하거나, 소규모 공연의 음향 엔지니어로 일하는 경우도 있긴 하지만 드물다.

음악으로 생계를 유지하는 친구는 거의 없나 보다.

대학 동기 중 여전히 음악 활동에 전념하는 사람들도 있지만 가까운 사람 중에선 없다. 지금 내가 소속된 밴드도 직장인 밴드다. 드러머는 병원에서 경호 업무를 하고, 보컬은 특이하게 치과 의사다. 각자의 사연이 길다. 여하튼 음악만으로 생계를 유지하는 사람은 주위에서 찾아보기 힘든 것 같다.

음악에 대한 미련은 없나. 한때 뜨거운 애정을 갖고 몸 담았던 분야인데.

사실 졸업 후 각자 일이 바쁘다 보니 대학 때 친구들을 만날 일이 많이 없었다. 그래서 음악 활동에 대한 미련이나 향수를 누군가와 얘기할 기회도 잘 생기지 않는다. 요즘은 각자의 삶을 열심히 살고, 서로 그걸 응원한다.

머리는 가볍게, 몸은 분주하게

지금 하는 일을 좋아하나?

좋아한다. 우선 나는 머리 쓰면서 일하는 걸 안 좋아하는 타입이다. 땀 흘리면서 단순노동 하는 것을 즐긴다. 편의점 아르바이트를 오래 할 수 있던 것도 그 때문인 것 같다. 남들은 반복노동이 지루하다 하는데 나는 매일 같은 길, 같은 코스로 1년 365일 다니는 것도 좋다. 하지만 이건 내 성격과 관련된 것이지, 일 자체의 장점은 별로 없는 것 같다. 요일 감각이 사라지기도 하고, 돈을 많이 벌어도 그만큼 노동 강도가 센 것도 사실이다.

무엇이 가장 힘든가?

우선 다치는 분들이 많다. 무거운 것을 들다가 허리가 다치는 일은 다반사다. 게다가 재활용 봉투 안엔 뭐가 들었는지 모르지 않나. 그 속에 게 껍데기나 심지어 식칼이 든 것을 무심코 잡았다가 손이 다치는 경우가 많다. 가끔은 그래서 정말 너무한 것 아닌가, 라는 생각도 든다. 시민들이 분리수거 좀 잘했으면 좋겠다. (웃음)

환경 공무관의 일에도 '잘한다'는 개념이 있는지 궁금하다.

물론 일을 빨리 끝내면 좋긴 하다. 재활용품을 어떻게 더 빠르게 차곡차곡 쌓을지, 지도를 보고 어떻게 코스를 효율적으로 짤지 고민하는 것이다. 결국 본인이 얼마나 센스 있냐의 문제인데, 그 모든 것보다도 안전이 중요하다. 조금만 숙련이 되면 익숙해지니까 마음이 느슨해지기 마련이다. 늘 정신이 또렷한 상태에서 조심하려 한다.

반복되는 루틴 속에서 이 일을 그만두고 싶었던 적은 없나.

작년 겨울까지만 해도 '그만둘까' 하는 생각을 몇 번씩 했다. 신입 시절에는 일 자체에 적응하는 것이 힘들었다. 어느 정도 일과에 익숙해졌을 때쯤엔, 내가 담당하던 구역이 재개발에 들어가면서 업무량이 소화 불가능할 정도로 많아졌다. 어딜 가나 불공평은 존재하는 것이겠지만 다른 지역 다른 팀과 같은 월급을 받고 일하는데 우리 팀만 살인적인 일정을 소화해야 하는 것이 억울했다. 게다가 이제는 야근의 개념이 사라졌지만 그 당시엔 일이 끝날 때까지 집에 못 가는 시스템이었다.

<u>한낮의 야근이라니, 상상하기 어렵다.</u>

'이럴 거면 차라리 다른 일 하고 말지'라는 생각도 많이 들었
던 것 같다. 야간에 일하는 것이기도 하고 노동 강도도 셌으니
까. 요즘은 몸도 적응을 했고, 관할 구역이 바뀌며 일의 양도
줄었다. 시간대도 많이 나아진 편이다.

<u>일과가 끝나면 낮 시간엔 보통 뭘 하나?</u>

운동 가고, 기타 친다. 직접 만든 곡으로 이따금 밴드 공연도
한다. 〈기타미화원〉이라는 유튜브 채널을 운영하며 기타 치
는 영상이나 환경 공무관 일과 관련된 영상들도 업로드하고
있다.

<u>음악인의 기준에선 나름 프리랜서다. 본업이 끝난 후
시간 관리하는 것이 어렵진 않은지.</u>

성실하게 살려고 노력한다. MBTI 끝자리가 J다. 잠깐 찾아오
는 영감이 중요할 때도 있지만 그보다 중요한 것은 그 순간을
놓치지 않고 기록하는 성실함이라고 생각한다. 창작도 연습
도 그런 마음으로 임한다.

사람 만날 시간이 부족하진 않나?

정상적인 근무 시간이 아닌 건 사실이다. 대부분 친구들은 나인투식스로 일하니까. 야간에 친구들을 만날 시간이 토요일 저녁, 딱 하루밖에 시간이 없었다. 그런데 나이 들면서 친구들도 다 바빠졌다. 서로의 삶이 있으니 일주일에 한 번 보기도 어려울 때가 많다.

돈을 많이 안 쓰는 점은 좋을 것 같다. (웃음)

그것도 맞다. 하지만 제일 걱정되는 건 결혼 후의 삶이다. 현 여자친구와 근무 시간이 완전히 어긋난다. 낮 1시에 퇴근하고 아이를 돌볼 수 있는 시간이 있다는 점에서 좋지만, 여자친구와 보내는 시간이 부족하다는 점에서 '그만둬야 하나'라는 생각도 가끔 한다. 근무 시간 때문에 가정에 충실하지 못하면 의미가 없을 것 같다. 환경 공무관도 연차나 육아 휴직의 개념이 있다고 들었지만 내가 쉬는 동안 나의 몫만큼 누군가 더 일해야 한다. 함께 일하는 팀원의 눈치가 보여서라도 마음 편하게 쓸 수 있는 분위기는 아직 아니다. 그래서 근무 시간이 점점 늦춰지는 추세를 기대하고 있다. 예전엔 밤 12시에 시작해서 일이 끝날 때까지 계속했다면 이제는 정해진 시간이 되면 퇴

근을 하고, 근무 시간대도 점점 낮 시간과 겹치고 있다. 현재
는 아침 4시 출근이지만 아침 6시 출근, 좀 더 늦추면 아침 9
시까지도 미뤄지지 않을까 기대해 본다.

내 돈은 내가 지킨다

근로 소득만이 답이던 시대는 일견 막을 내린 듯하다.
혹시 본업 외 주식도 하는지.

안 한다. 몰라서 못한다.

공부하면 되지 않나. (웃음)

한때 조금 공부해서 연습 삼아 삼성전자 주식 하나 산 적 있
다. 그 정도였다. 성격 자체가 안정적인 것을 추구하는 타입이
기도 하다. 주변에 주식으로 돈 잃은 사람도 많이 봐서 좋지
않은 인식이 크다. 게다가 내 월급은 내가 힘들게 일해서 번
돈이기도 하지만, 어떻게 보면 국민의 피땀이 어린 세금이기
도 하다. 그런 돈을 잃고 싶지 않다. 물론 지금은 그렇게 살면
안 되는 때인 것 같지만.

'그렇게 살면 안 되는 때'라는 게 어떤 의미인가?

요즘 주식 말고는 서울에서 집을 구할 수 있는 방법이 없지 않나. 투자 분야에 뚜렷한 지식이나 센스가 있다면 무조건 해볼 것 같다. 하지만 그게 아니니 그냥 더 열심히 벌어서, 더 많이 저축하련다. 돈 욕심은 없는 편이지만 내 돈만큼은 지키고 싶다.

돈을 모아서 하고 싶은 게 있는지?

시간만 허락이 된다면 여행을 다니고 싶다. 새로운 곳을 탐방한다기보단 동남아시아 같은 따뜻한 나라에 가서 휴양하고 싶다.

의외다. 집 욕심은 없나.

안정적인 보금자리가 있으면 좋긴 하겠다. 하지만 꼭 서울이어야 할 필요는 없다. 돈만 많다면 시골에 가서 별장을 짓고 싶다. 인생의 최종 목표는 그거다. 은퇴 후 내가 지어 놓은 별장에 가서 쉬는 것. 영화 〈인터스텔라〉에서 주인공 쿠퍼가 우주 탐험을 마치고 지구에 돌아왔을 때, 후손들이 그가 살던 집을 복원해 놓은 장면이 있다. 쿠퍼가 그 앞 테라스에 앉아 옛날 생각을 하며 맥주 한잔하는 모습이 그렇게 매력적이었다. 서울? 아파트? 차? 큰 욕심 없다.

환경 공무관으로 언제까지 일하고 싶은지 궁금하다.

60대 중반의 정년까지는 꼭 채울 것이다.

지금부터 60대까지면 거의 30년간 같은 일을 해야 하지 않나? 아득하진 않은지.

같이 일하는 환경 공무관 선배들이 종종 놀린다. "너는 이 일을 앞으로 30년이나 해야 되네, 좋겠다"와 같은 식으로. 그런데 나는 큰 감흥이 없다. 애초에 현실적인 이유로 시작한 직업이기 때문에 일 자체에 큰 의미를 두지 않는다. 그리고 30년이라는 시간이 사실 너무 길다 보니 그런 먼 미래까지 내다볼 겨를이 없다.

은퇴하면 새롭게 해보고 싶은 일이 있는지 궁금하다.

화물차를 한번 몰아 보고 싶다. 화물차 기사분들은 회사 소속도 있지만 대부분 개인이라 들었다. 출퇴근도 자유롭고, 일하고 싶을 때 일하는 것이 부러웠다. 정해진 고속도로를 생각 없이 달린다는 게 나라는 사람과도 잘 맞을 것 같다. 하지만 지금 마음으로는 30년간 열심히 돈을 모아, 은퇴 후에는 평생을 쉬고 싶다.

서은지는 건설 현장 정리팀에서 일하고 있다. 대학에서 패션 디자인을 공부하다 중퇴 후 백화점 영업 사원으로 취직했다. 이후 회사 경리, 콜센터 영업, 식당 서빙 등 다양한 일을 거치며 크고 작은 월급을 받았다. 지인의 추천으로 건설 현장에 처음 발을 디뎌 정리팀 일을 시작했다. 건축이나 공사가 끝난 현장의 부자재를 해체하고, 바닥을 정돈하는 등 현장의 최종 상태를 깨끗이 만드는 일을 한다. 목돈을 모아 내 집 마련하는 것이 목표다.

서은지 ; 꿈 없이도
행복하게 사는 법

기술보단 숙련도

무슨 일을 하는가?

건설 현장 정리팀에서 일한다. 한 건물을 짓는 과정은 철근 작업 후 형틀에 시멘트를 붓고, 시멘트가 굳으면 부자재를 제거하는 순서로 이루어진다. 정리팀은 그 이후 말 그대로 '현장을 정리하고 마무리하는 일'을 맡는다. 부자재를 해체하는 작업 후 폼과 핀, 볼트 등을 정리한다.

원래 현장 일에 몸을 담아 왔나.

전혀 아니다. 대학에서 패션 디자인을 전공하다 돈을 빨리 벌고 싶어서 학업을 그만두고 백화점에 취직했다. 이후 회사 경리로도 일하고, 콜센터 들어가서 콜도 받고, 편의점이나 식당 아르바이트 등 다양한 일을 했다. 그러다 건설 현장에서 일하던 지인의 제안으로 정리팀 일을 시작하게 됐다.

주변 사람들의 반응이 어땠을지 궁금하다. 기존에 하셨

던 일과는 완전히 다르지 않나.

우선 아버지는 달가워하진 않으셨다. 예전에 먼지가 많이 나는 건설 현장에 물차를 이용해 물을 끼얹는 일을 하셨던 분이다. 현장이 얼마나 위험에 노출되는 환경인지 아는 만큼, 안전에 대한 우려가 있으셨던 것 같다. 주위에서 의아해하는 시선들도 있었지만 나는 내가 선택한 일은 그냥 하는 성격이라 크게 신경 쓰지 않았다.

현장 일은 처음 시작하고서 금방 그만두는 경우도 많던데, 잘 적응하신 것 같다.

똑같은 공정을 하더라도 게임을 플레이하듯 일하는 내 성향과 잘 맞는 일이었다. 일하는 내내 '주어진 시간 안에 어떻게 하면 더 빠르게 해낼 수 있을까?'를 고민하는 성격이다. 그러다 보니 게임에서 레벨 업 하는 것처럼 욕심도 생기고, 같이 일하는 사람들끼리 경쟁심도 생겨서 빠르게 하게 된다. 1년 전 처음 시작할 땐 콘판넬 못을 한 시간에 20개를 뽑았다면 이젠 60개도 뽑는다.

말씀을 들어 보면 기술보단 숙련도가 중요한 일 같다.

특별한 기술을 필요로 하진 않는 것이 정리팀의 장점이다. 부자재 이름, 사이즈, 분류법 등을 배우고 익숙해지면 된다. 정리팀은 새로운 인력이 오면 어떻게 해야 하는지 잘 알려주는 편이다. 팀원 한 명 한 명이 잘해야 빨리 끝나는 작업이기 때문이다. 모르는 것이 있으면 스스럼없이 물어보는 내 성격도 한몫했다.

정리팀에서 '일을 잘한다'는 것은 어떤 의미인가?

자재의 명칭과 종류를 숙지하고 타 공정의 자재 사용 용도를 파악하고 있어야 한다. 콘판넬은 콘판넬끼리, 파이프는 파이프끼리 구분하며 같은 자재여도 사이즈에 따라 다르게 분류된다. 또 정리팀은 개개인의 작업보다 팀원 간의 협동이 중요하다. 어떤 자재가 먼저 사용될지, 반출 여부는 어떤지 등 현장의 전체적인 상황을 파악하고, 도움을 요청하는 팀원과 빠르게 호흡을 맞출 수 있어야 한다.

그럼 자신이 맡은 한 가지 일만 특화하는 분업의 방식

<u>은 아니겠다.</u>

정리팀 내에서도 각자 조금씩 더 잘하는 작업이 있고 전체적인 작업의 순서도 정해져 있다. 하지만 말씀하신 대로 상황에 따라 작업 방식이 다르다 보니 한 명이 하나의 역할만 붙들고 일하진 않는다. 예를 들어 현장 마무리 단계에서 청소를 할 때는 팀 전체가 함께 쓰레기를 줍는 식으로 유동적으로 일한다.

<u>함께 일하는 사람들은 어떤 사람들인가? 평균 연령대가 궁금하다.</u>

여성 나이대는 보통 50, 60대다. 현재는 34살인 내가 여자 중에서 제일 어리다.

<u>젊은 사람들은 잘 없나.</u>

건설 현장에선 30대, 40대 초반까지는 젊은 층으로 본다. 요즘엔 더 젊은 분들도 많이 오시는데, 특히 남성의 경우 20대가 굉장히 많다. 우리 팀에서 가장 젊은 남자 팀원은 29살이다. 작년, 재작년 코로나 때문에 젊은 사람들이 많이 들어왔다고 들었다. 돈벌이가 이만한 곳은 배달 아니면 건설이라고 한

다. 자영업을 하던 사람들이 가게를 정리하고 현장 일을 시작한 경우가 흔하다. 남성분들은 자신이 일하던 현장에 친구들을 데려와 함께 작업하는 경우도 종종 봤다.

보수만 보고 뛰어들었다가 빨리 그만두는 분들도 계실 것 같다. 젊은 분들도 오래 일하는지 궁금하다.

20대분들 중 하루 일하고 힘들어서 나가는 사람이 매우 많다. 사실 정리팀은 젊은 층의 입장에선 비전이 크지 않다. 대단한 기술을 요하는 일이 아니다 보니 뭔가를 새로 배우고 싶은, 가능성이 열려 있는 20대는 다른 팀에 가서 일하는 것도 좋다고 본다. 다만 안타까운 것은 좀 더 뚝심 있게 일해 보지 않는 것이다. 일주일, 한 달 정도 버티면 적응을 하게 되는데 말이다. 나도 원래 새벽형 인간이 아니고 아침잠이 많아 처음엔 힘들었는데, 일하다 보니 이젠 아침 일찍 일어나는 게 오히려 편하다.

많이 벌고 적게 쓴다는 것

이 일의 장점은 무엇인가?

돈을 많이 번다. 그것 하나만으로도 나는 만족한다.

얼마 정도 버는가?

건설 현장의 다른 작업들에 비하면 많이 받는 편은 아니다. 보통 건설 현장 작업부들은 숙련도에 따라 양성공-조공-준기공-기공으로 나뉜다. 양성공은 아예 일을 처음 시작해서 배우는 사람, 기공은 기술을 완전히 섭렵해 능숙한 사람이다. 그런데 정리팀은 이런 구조가 없다. 기술 없이도 할 수 있는 일이기 때문이다. 그러다 보니 임금도 다른 분들에 비해 대체적으로 낮은 편이다. 처음 들어왔을 때부터 정리팀으로 일했는데 그때는 세후 300만 원 중반대를 받았다. 조합원이 된 이후엔 임금단체협약 덕분에 현재 세후 400만 원 중반대를 받는다. 작년보다 단가가 일당 1만 원 오른 셈이다.

요즘 주식을 많이들 한다. 그런 쪽은 관심이 없나.

나도 주식을 한다. (웃음) 다만 나는 어릴 때부터 내가 직접 번 돈으로 생활했기 때문에 큰돈을 걸진 못 하겠더라. 주식도 코카콜라, 구글 같은 장기 주식을 산다. 없어도 되는 돈 정도만 한다. 앉아서 공부하고 돈을 버는 사람들이 있다면, 부럽지 않다고는 말 못 하겠다. 하지만 각자 잘하는 분야가 다르겠거니 생각한다. 나는 학생 때부터 수학에 밝지 않고 경제를 잘 몰랐다. 나 자신을 스스로 잘 알기 때문에 큰 리스크를 부담하진 않는다. 2~3년 전 코인을 하면서 망해도 봤지만 그래 봐야 5~10만 원 잃었다. (웃음)

장점을 물었을 때 바로 '돈'이라 대답하는 것이 굉장히 현실적이다. 그렇게 돈을 벌어도 쓸 시간이 없지 않나.

오히려 좋다. 더 빨리 모이기 때문이다. 나는 옷도 신발도 화장품도 사지 않는다. 가끔 언니들과 소고기 먹으러 가는 정도다. 석 달만 해도 1000만 원이 모인다. 200만 원 후반, 300만 원 초반의 월급은 어딜 가든 열심히 일하면 벌 수 있는 금액이다. 하지만 현재 내가 일하는 조건은 쉽게 찾지 못한다. 주로 가정이 있는 분, 급전이 필요한 분이 많이 오시는 것도 그

때문이다. 군이 비교하자면 남자보다 여자 팀원분들이 더 잘 버티는 경우가 많다. 한국 사회에 사는 30, 40대 여성이 어디 가서 그 돈 받고 일하기 어렵다. 처음 해보는 현장 일이 나와 맞지 않다고 판단해서 이 일을 금방 그만두는 20대분들이 많은데, 중간에 찾아오는 슬럼프만 잠깐 극복하면 된다.

옷이나 헤어스타일에 쓰는 돈, 흔히 말하는 '품위 유지비'도 거의 나갈 일이 없겠다.

우선 작업복부터 가장 저렴한 것으로 입고 다닌다. 트레이닝복을 입고 출근하면 되는데 펑퍼짐하거나 딱 달라붙는 것만 아니면 된다. 현장에서 제공해 주는 각반과 안전모를 하고 안전화를 신는다. 처음엔 일상복을 입고 출근하고선 작업복으로 갈아입었다. 요새는 출근할 때부터 작업복을 입고 출근한다. 출근이 편한 것도 큰 장점이다. 예전에 사무직에서 일할 땐 일어나서 씻고, 머리 말리고 고데기 하는 과정이 부산스러웠는데 이제는 그 시간이 단축돼서 좋다. 말씀하신 것처럼 돈도 굳고 말이다.

<u>한 번쯤은 꾸미고 다니고 싶지 않나.</u>

굳이 좋은 옷을 입을 필요가 없는 일이기도 하고, 꾸미는 법도 까먹었다. 오늘 신고 온 운동화도 몇 년 전에 산 것이고 청바지도 너무 오랜만에 입는다. 화장은 8개월 만에 한 것이다. 유행이 뭔지도 모르겠다. 그리고 원래 패션 아이템은 하나 사면 그걸로 끝이 아니라 그 톤에 어울리는 다른 아이템들도 사야 하지 않나. 사무직으로 일할 때는 정장 하나 사면 그 스타일에 맞춰서 가방도 사고, 신발도 샀는데 이젠 그러지 않아도 된다. 꾸미는 것은 관심에서 멀어진 지 좀 오래 같다. 같이 일하는 언니들과 가끔 소고기나 장어 먹으러 가면 그뿐이다.

<u>쓸 시간도 없고 사고 싶은 물건도 없다면, 이렇게 돈을 벌어 뭘 하고 싶나?</u>

집을 사고 싶다. 현재 거주하는 경기도 성남에 집 두 채 사는 것이 목표다. 왜 서울로 이사 오지 않냐고 많이들 물어보지만 내게 중요한 것은 '서울에 사는 것'이 아니다. 어디든 내가 살 공간만 마련하는 것이 내 목표다.

춥고 더워도 마음 편한 일

보통 건설 현장에서 일한다고 하면 몸이 힘들 것을 제일 먼저 걱정한다. 갑자기 시작한 육체노동이 힘들진 않은지.

정말 신기한 게, 몸이 적응을 하더라. 힘을 줘서 핀을 뽑거나 자루를 묶는 등 반복적인 동작을 하면 욱신욱신하지만 진통제를 먹으면서 일하는 것이 이젠 일상이다.

단순 불편의 문제는 아닐 것 같은데. 여러 구조물이 산재한 현장이 무섭진 않은가?

언제 어떻게 다칠지 아무도 모른다는 게 큰 단점이긴 하다. 현장에 있는 것 자체가 위험하다. 나도 크게는 아니지만 몇 차례 다쳤다. 비 오는 날 일하다 바닥이 미끄러워서 넘어지는 경우도 많다. 같이 일하는 언니들 모두 다리에 상처가 많고, 반장님은 다른 친구가 쌓다가 놓친 판넬이 떨어져 손을 봉합해야 했다. 하지만 현장에 처음 와서 서툴던 때의 공포에 비하면 이젠 내가 조심하면 안 다칠 수 있다는 나름의 확신이 생겼다. 4대 보험도 들었고 말이다. (웃음)

<u>야외에서 하는 일인 만큼 날씨 영향도 많이 받을 것 같은데.</u>

맞다. 여름과 겨울이 괴롭다. 여름엔 야외에서 직사광선을 그대로 맞으며 일한다. 안전상의 이유로 반팔 토시, 긴바지를 입고 안전모를 착용한다. 팬티가 젖을 정도로 땀을 뻘뻘 흘린다. 비가 오면 장화를 신고 걸어 다녀야 한다. 선크림도 바르지 못한다. 화장품을 바르면 모공 사이사이로 모래가 끼고, 땀이 나면 함께 흘러내리기 때문이다. 반면 겨울엔 추위가 엄청나다. 네 겹, 다섯 겹씩 옷을 껴입고 발바닥과 몸에 핫팩을 붙이고 작업한다. 쉬는 시간에는 현장 가운데 액체 연료를 피워 놓고 둘러앉아 몸을 녹인다.

<u>계속 몸을 움직이다가 잠깐 앉아서 쉬는 그 시간이 무척 달게 느껴질 듯하다.</u>

그렇다. 그리고 쉬는 시간이 따로 정해져 있지 않은 다른 공정들과 달리, 정리팀은 일하는 시간과 쉬는 시간이 정해져 있다. 계속 몸을 움직이고 힘을 써야 하기 때문이다. 보통 50분 일하고 10분 쉰다. 참을 먹는 시간도 정해져 있다. 오전 9시와 오후 3시에 한 번씩 빵이나 우유 같은 간식이 나온다. 그때 다

들 배도 채우고 담배도 피우며 한숨 돌린다.

몸은 힘든 대신 정신적인 스트레스는 덜할 것 같다.

그게 장점이다. 거칠게 말하는 어르신들이야 있지만 나이와
상관없이, 나와 잘 맞지 않는 사람은 그냥 내가 피하면 된다.
꼭 필요한 소통만 하면 돼서 좋다.

여성, 건설, 노동자

현장을 선택할 때 고려하는 조건이 무엇인지 궁금하다.

현장의 자체의 규모나 조건보단 일이 끊기지 않는 것이 중요
하다. 한 현장을 마친 뒤 다음 현장으로 들어갈 때 시기적으로
잘 맞아서 공백기가 거의 없어야 좋다. 공백기가 길어지면 쿠
팡 물류 배송이나 현장 일용직도 한다. 건설사 일은 어떨 땐
인력이 넘치다가도 어떨 땐 인력이 너무 없어서, 인력소로 부
족해 알바몬까지도 구인 공고를 올린다. 그만큼 불안정하다.
현장 일이 고수입인 것은 맞지만 이런 공백기를 고려하면 꼭
그렇지만도 않다.

고용이 불안정한 시장일수록 여성이 소외되는 경우가 많다. 일을 분담할 때 여성으로서의 차별은 없는가.

일이 없어서 쉬는 걸 '대마'라고 하는데, 대마인 사람들은 다른 건설사 팀에 요청해 단기 지원을 나간다. 그럴 때 보통 남성 노동자가 우선적으로 선발된다. 나는 한때 대마가 하도 길어지니 쿠팡 물류 센터를 갈까도 생각했었다. (웃음) '여자가 건설 현장에 가서 무슨 일을 해?'라고 생각하는 사람이 많다. 현장을 몰라서 하는 말이다. 막상 현장에 가보면 벽돌을 나르고 시멘트를 바르는 등 여자들도 충분히 할 수 있는 작업들이 많다.

다른 여성들에게도 현장 일을 추천하고 싶은가.

나는 너무 추천하고 싶다. 그런데 여성 노동자의 자리가 많이 나지 않는 것이 문제다. 신체 구조나 물리력의 차이 때문에 여성이 하지 못하는 일들이 있는 것은 사실이지만 여성들이 충분히 해낼 수 있는 일들도 많다. 보통 덤프트럭 옆에서 형광봉을 흔드는 신호수, 지게차가 물건을 실을 때 운전자가 시야를 확보할 수 있도록 도와주는 지게차 유도원 등을 여자들이 많이 맡는다. 또 건물 내부 공간의 길이를 측정하고 이곳에 무엇을 설치하라고 바닥에 표시를 남기는 것을 '먹'이라 하는데, 이 작업도 여성들이 많이 한다. 첨언하자면, 남자라고 다 일을 잘하는 것은 아니다. 체력이 약하거나 작업 속도가 느린 등 누구나 개인차가 있다는 걸 고려하면, 건설 현장 속 여성 노동자의 자리가 지금보단 많이 날 수 있다고 생각한다.

세상에 재미없는 일은 없다

이 일은 얼마나 오래 할 수 있을까.

아까 말한 것처럼 집 두 채를 살 때까지 계속할 것이다. 아직은 그만두고 싶다는 생각이 안 든다. 우선 사람 스트레스가 적다. 내가 이전에 다닌 직장들에선 대부분 사람 때문에 제일 힘들었다. 게다가 급여도 높지 않았다. 여덟 시부터 다섯 시까지 꼬박 일해도 이 돈을 언제 아끼고 모아서 집을 살 수 있을지 막막했다. 평범하게 월세 내고, 계절 따라 옷 사 입고, 가끔 친구를 만나 술 한잔만 해도 200만 원대의 월급으로는 돈을 모으기 힘든 게 우리나라 현실이다. '여길 나가서 이만큼 돈을 벌 수 있는 곳이 있을까?'란 생각은 요즘도 한다. 통장에 찍히는 금액 때문에라도 그만두기 어려운 직업이다.

하지만 급여와는 별개로 건강에 무리가 가진 않나.

신기하게도 현장 일을 시작하며 오히려 건강해졌다. 여기 오기 직전 식당에서 서빙 아르바이트를 한두 달간 했다. 철판 식당이라 무거운 것을 나르며 어깨가 많이 안 좋아졌다. 그런데 현장에선 워낙 체력과 신체 관리가 중요하다 보니, 아침 점심마다 고정적으로 체조를 한다. 다들 몸 쓰는 사람들이니 운동도 꾸준히 한다. 속이 얹히는 일도 잘 없다. 예전에 사무직으로 일할 땐 하루 종일 앉아 있으니 소화도 잘 안 되고 살이 쉽게 쪘다. 그런데 현장에선 하루에도 1만 보, 2만 보씩 걸으니 함바집에서 아무리 든든하게 식사를 챙겨 먹어도 오히려 살이 빠지더라. 같이 일하는 한 언니도 지병으로 고혈압을 앓았는데 현장 일을 시작하며 많이 나았다.

'잘할 수 있는 일'과 '재밌게 할 수 있는 일'은 다른 차원의 문제다. 반복 작업이 많은 편인데, 질리진 않는가.

단순 반복이기 때문에 일부러 재미를 찾으려 한다. 예컨대 목재엔 '투바이', '오비끼' 등 사이즈 규격이 있다. 규격에 맞게 3단, 4단으로 쌓아야 하는데 나는 이 각도를 정확하게 맞추려는 강박이 있다. 가지런하게 단을 쌓은 뒤 한 발자국 뒤로 물

러서서 볼 때 희열을 느낀다. 또 현장을 청소할 때는 플라스틱
삽으로 바닥을 쓸어서 핀과 재료를 줍고 종류별로 분류해야
한다. 핀을 골라내어 종류마다 다른 자루에 넣고, 반생이(철근
등을 결속하기 위한 굵은 철사)도 따로 구분한다. 바닥 위 지저분
하던 것들을 모두 쓸어 담고 깨끗한 현장을 마주했을 때의 쾌
감이 있다. 어질러진 거실을 오랜만에 대청소한 느낌이랄까.

이 일을 있는 그대로 즐기는 분 같다. 즐겁게 일하는 것
도 재능일 텐데.

현장에서 "이거 해봐!"라는 말을 들으면 일단 "재밌겠다" 하
며 시작하고 본다. 또 같은 일도 어떻게 하면 편리하고 빠르게
할까를 고민한다. 남자들이 20~30킬로그램짜리 물건을 옮길
때도 웬만하면 함께 든다. 그런 적극성을 업계에서도 좋게 봐
주시는 것 같다.

모든 생애 주기 단계에서 좋아하는 일을 찾으며 살아갈
것 같다. 다음에 하고 싶은 일은 없는지.

도전해 보고 싶은 건 많지만 사무직으로 돌아갈 일은 없을 것
같다. 가장 큰 이유는 돈이다. 회사 다니며 200~300만 원대의

월급을 받을 바엔 그보다 보수가 높은 현장 일을 계속하거나 아예 새로운 일을 해보고 싶다. 예를 들면 카페 창업이다. 예전에 회사를 다니면서 자투리 시간에 쿠키를 만들어 온라인 판매를 했었다. 체력이 부쳐 그만뒀지만, 답례품 주문도 많이 들어오고 부수입으로는 꽤 쏠쏠했다. 생각해 보면 나는 새로운 일에 뛰어들더라도 손발을 활동적으로 움직이는 일을 또 하게 될 사람 같다.

현장 일을 고민하는 사람들에게 조언한다면?

일단 뛰어들고, 버텨 보라고 하고 싶다. 특히 20대분들 중에서 현장 일을 짧게 하다 그만두는 사람이 많지만 조금만 뚝심을 갖고 일하면 생각보다 빠르게 연봉 인상이 이뤄진다. 팀장급은 한 달에 800~1000만 원까지도 번다. 또 건설업은 생각보다 비전 있는 분야다. 대학에서 어떤 학문을 전공해 한 길만 쭉 걸어가는 사람이 그렇게 많지 않을 거다. 현장에는 이 일도 하고, 저 일도 하다가 실패해서 오는 경우가 많은데 꼭 건설이 아니라도 그런 시행착오를 거치며 살아가는 사람들은 세상에 많을 거라고 생각한다. 너무 좋아하는 일, 이루고 싶은 꿈이 따로 있는 게 아니라면 현장 일을 하며 원하는 만큼의 수입을 얻는 삶이 나를 위해 가장 진솔한 행복일 수 있다고 생각한다.

정우진은 건설 시행사에서 일하는 청년이다. 옷을 만들며 브랜드를 론칭하기도, 식당에서 조리사로 일하기도 했지만 시행사 대표로 가정을 책임지는 어머니를 도와드리고자 건설 현장에 투신했다. 현장의 건설 노동자로, 인부들의 관리자로, 시행사의 임직원으로 건설 현장을 다양하게 겪어 온 그는 건설업계의 구조적 문제에 대해 다양한 입장에서 이야기를 전한다. 한편 그는 무언가 만들어 내는 것을 멈출 수 없는 사람이다. 의식주를 넘어 효능감이 오래 남는 모든 창작물에 관심이 있다.

건물을 지으려면

하는 일을 소개해 달라.

건설 시행이라고 보면 된다. 건설은 시공과 시행으로 나뉜다. 시공은 우리가 흔히 아는 건축사나 건설 업체와 같은 곳으로 건물을 실제 지어 올리는 회사다. 시행은 토지에 건물을 올리고 분양하는 것까지 일체의 과정을 총괄하는 일이다. 개발 사업 전반을 맡는 것과 같다. 나는 직원이 몇 명 없는 작은 시행사의 임직원이다.

시행사는 대기업이 대부분일 것이라 생각했다.

흔히 시행사라고 하면 대기업을 떠올리지만 작은 규모가 대부분이다.

육체노동보다는 사무직에 가까운 일이겠다.

직무에 따라 다르다. 개발 사업을 시작하면 대부분의 직원이 실제 도맡는 일은 거의 사무적인 것에 가깝다. 하지만 나는 처음부터 현장에서 그야말로 막노동을 하며 시작했다. 시행사는 건설 현장을 잘 알아야 한다. 사람이 급히 필요하면 가서 일해야 할 때도 있고 현장을 지휘해야 할 때도 있다. 현장은 각종 변수가 난무하는데 이때 일머리가 없으면 골치 아프다.

시행사에도 현장 인력이 있나?

그렇다. 현장 소장을 따로 둔다. 이 말은 시행사가 면허만 있으면 자체 건축도 가능하다는 뜻이다. 지금도 현장에서 진행되는 일의 대부분을 알고 있고 경험해 봤다.

건물을 짓기 위해서 맨 처음 해야 할 일은 무엇인가?

당연히 땅을 보는 것이다. 그래서 돌아다닐 일이 많다. 어디에 짓고 개발 사업을 시작하면 좋을지 부지를 선정해야 한다. 어느 곳은 지반이 약해 높은 건물을 올릴 수 없고 어떤 지역은 조례나 규칙에 의한 건축 형태의 제한이 있다. 고르는 땅에 따라 건물의 조건이 변하기 때문에 애초에 땅을 굉장히 잘 골라야 하고 여기엔 입지 조건도 포함된다. 같은 경기도라고 해도 지역에 따른 가격 차이가 심하고 구매자의 특성, 수요도 다르다. 분양 수요를 잘 파악하지 못하면 건물을 짓고도 손해를 보는 일이 발생한다.

설계 사무실 내지 건설 업체와는 어느 단계에서 협업이 이뤄지나?

건물이 지어지는 과정과 함께 설명해야 할 것 같다. 시행사가 부지를 보고 땅을 사고 나면 그때 설계 사무실을 통해 건물을 디자인한다. 이미 시중에 나온 땅을 설계 사무실에서 디자인해 놓은 경우도 있다. 설계가 끝나면 지질 조사를 시행하고 최종적으로 구청에서 허가를 받는다. 제일 살 떨리는 순간이다. 그 후 건설 업체와 협업해 지반을 다지는 작업을 시작한다. 이걸 '매트 작업'이라고 하는데 한 마디로 건물에 신발을 신기는 작업이다.

이 작업이 끝나면 흔히 알다시피 철근 콘크리트 등으로 건물을 지어 올리게 된다. 시행사의 사무 업무와 별개로 건축 현장에서는 건설사와 시행사의 소장님이 현장을 함께 관리 감독한다. 나 역시 사무실과 현장을 오가며 일한다. 건물이 다 올려지고 난 상태를 완공이라고 하는데 여기서 서류 절차까지 완료하면 준공 상태가 된다. 이렇게 준공 승인이 나면 건설 업체와의 한 프로젝트가 마무리되는 것이다.

현장 업무 외 시행사 본연의 역할은 무엇인가?

현장 소장님을 제외하고는 대부분이 사실 회계 업무다. 건물을 짓는 데 투입된 돈을 관리한다. 다만 그 돈을 단순하게 굴리는 것이 아니다. 건축이 액자를 만드는 것이라면 시행은 그림을 그리는 것이다. 시행사는 말 그대로 건물이 지어지도록 돈을 낸 주체이므로 건물이 계획한 대로 잘 지어지는지, 외부와 내부를 어떻게 가꿀지 끊임없이 감독하고 논의한다. 건물이 준공되고 끝나는 것이 아니라 시행사는 분양과 입주의 영역까지 모두 포괄하기 때문이다. 사후에 하자 보수도 해야 하는데 이때는 해당 건물을 지어 올린 건설사와 시행사가 함께 맡는다.

고려해야 할 것이 정말 많다. 시행사에 근무하기 위해 필요한 조건은 무엇인가?

부동산 흐름을 잘 알아야 한다. 이 안목은 하루 이틀 내 길러지지 않는다. 발품도 많이 팔아야 하고 계속 부동산 동향을 팔로업 해야 한다. 게다가 부지의 건폐율, 용적률 등을 거의 외울 정도로 알아야 한다. 건물을 지었을 때 분양이 잘 될지 예측할 수 있으려면 시장 조사도 필요하다. 건설 현장에서 어떤 일이 이뤄지는지도 경험해 보면 좋다. 가장 중요한 건 돈 계산이다. 회계나 세무에 대해 지식이 있다면 금상첨화다.

보통 건설 관련 일이라 할 때 시행사로 이력서를 넣는 경우는 잘 보지 못했다.

특정 형태로 공인된 능력이 필요한 것은 아니지만 다양한 현장 감각이 요구되므로 사실 핏fit한 인재를 찾기 쉽지 않다. 그러다 보니 작은 업체들은 가족 경영을 하는 경우가 대부분이다. 그렇다고 공채가 없거나 불공정한 세습이 이뤄지는 것은 아니다. 큰돈이 오가고, 개발 사업 하나하나의 중요성이 크기 때문에 오히려 철저히 실력 있는 사람을 키워 쓴다는 기조다. 이런 주니어들은 체감상 30대가 많다.

지금 일하는 곳은 어떻게 합류하게 됐나.

지금 일하는 시행사의 대표가 어머니다. 나 역시 앞서 말한 주니어에 해당한다. 말했다시피 이 직종은 부동산에 대한 안목이나 현장 경험 등이 많아야 하기 때문에 애초에 어머니가 '양성'하는 다른 분들이 있었다. 난 애초에 다른 일을 하고 있기도 했고 그쪽 일을 하고 싶지 않았지만 현실적인 문제 때문에 어쩌다 보니 합류하게 됐다.

<u>현실적인 이유가 무엇이었나.</u>

어머니 때문이다. 하고 싶은 것을 맘껏 하되 어느 정도 나이가 차면 어머니 일을 도와드려야겠다는 생각이 있었다. 원래 어머니는 분양 일을 하셨다. 가세가 크게 기울다 보니 시행사로 이직하셔서 일을 배우셨고 결국 독립하여 회사를 차리신 것이다. 그런 상황을 보고 자란 터라 어머니를 돕는 건 당연한 일이었다. 다만 전혀 다른 일을 하다가 갑자기 어머니를 도와드리려니, 입사하기 전에 현장 일부터 충분히 익혀야 했다.

재봉틀과 도마, 콘크리트

<u>원래 하던 일은 무엇이었나.</u>

적을 두지 않고 문어발로 이것저것 많이 했다. 어릴 때는 재봉 길을 많이 했는데 당시 10대 남자애들 사이에선 좀 유별난 것이라 왠지 당당하게 드러내며 하진 못했다. 이뿐만 아니라 대체로 예술적이거나 가정적인 일을 하는 것을 좋아했다. 주방 일이나 그림 그리는 것도 좋아했다. 이 취미들을 쭉 가지고 가

다 보니 어느샌가 의류 브랜딩도 해보게 됐고 식당에서 조리
사로 일하기도 했다.

다양한 일을 해본 것 같다. 배우는 것만 해도 만만치 않
은 시간이 필요했을 텐데.

옷 만들기든 요리든 정석적인 코스를 밟아 본 적이 없다. 나는
바닥부터 시작했다. 직접 해봐야 직성이 풀리는 스타일이다.
왜 어깨 봉제선이 이렇게 가는지, 왜 이 음식은 이런 맛이나
식감이 나는지 내가 경험해 보는 게 중요했다. 어딘가에서 배
우는 것만큼 직접 만들면서 배우는 것도 크다고 생각한다.

모두 무언갈 만드는 일이다. 가장 처음 뭔가를 만들어
본 기억은 무엇인가.

열여섯 살 때 처음으로 가방을 만들었다. 가방이라고 하지만
손바닥만 한 크기였다. 원래 쭉 리폼을 해오다가 직접 무언갈
만들어 보고 싶어져 아무것도 모르는 상태에서 동대문에서
원단을 사 와서 만들었다. 처음부터 끝까지 무언가 제작하고
그게 직접 손으로 만져진다는 것이 생경하고 뿌듯했다. 생애
처음 갖게 된 재봉틀로 처음 만들어 낸 물건이었다.

옷 만드는 것에 관심을 갖게 된 계기가 궁금하다.

초등학생 때부터 좋아하던 펑크 문화의 영향 때문 아닐까 싶다. DIY는 펑크의 주요한 정신 중 하나인데, 당시 펑크를 하던 분들의 자유분방함이 부러웠다. 원하는 것을 직접 만들어 입는 등 이 정신은 펑크의 라이프 스타일 전반에 걸쳐 있다. 치기 어린 마음에 고등학교를 자퇴하고 얼마 안 있어 어머니의 제안으로 어학연수를 다녀왔는데 그때 내가 조건으로 내건 것이 재봉틀이었다. 내 재봉틀을 갖고 나서부터는 오롯이 나만을 위한 것을 만들어 낼 수 있다는 기분이 들었다.

의류 브랜딩으로 이어질 정도로 열성적이었는데 왜 요리로 방향을 수정했나?

의류를 만들며 내 브랜드를 론칭해 보니 사업 전반을 스스로 운영하는 것의 어려움을 알게 됐다. 그때 건강도 안 좋아지고 뜻하지 않게 부정맥을 발견하기도 했다. 제품을 만드는 것은 즐겁지만 사업은 또 다른 영역이었다. 일 년여를 아무 일도 하지 않고 보냈다. 편하게 남 밑에서 무언갈 만들면 좋겠다는 생각이 들던 차에 식당에서 일할 기회가 생겼다. 원래 학생 때 요리를 즐겨 하기도 했고 식당에서 조리 아르바이트도 해봐서 일을 시작했다.

요리와 옷을 만드는 경험은 어떻게 연결돼 있나?

내 손으로 직접 만들고 그것을 즐기는 누군가가 있다는 점이 둘의 교집합 같다. 요리도 옷도 일단 시각적인 만족을 주는 게 첫째다. 내가 백내장이 있어서인지 몰라도 나는 남들에게 시각적 즐거움을 주어야 한다는 강박이 있다. 이 마음은 건물을 지어 올리는 지금도 유효하다. 일단은 외관이 멋진 건물을 짓고 싶다. 다만 외관만큼 내부도 중요하다. 사용자의 경험이 내부에서 탄생하기 때문이다. 만드는 대상이 커질수록 사용자의 오감을 만족시키고 경험을 개선하는 것으로 욕구가 확장됐다.

옷과 음식, 건물을 한 선상 위에 놓고 생각하는 것 같다.

재봉틀이든 도마든 콘크리트든 그 위에서 만들어 내는 것들은 나에게 같은 의미를 지닌다. 나에게 만듦이란 그걸 써주는 사람과 이어지는 행위다. 건물이라고 다르지 않다.

건설 현장은 분업 아닌가. 혼자 오롯이 만들어 내는 것

과는 차이가 있을 텐데.

혼자서 전 과정을 도맡을 순 없다. 하지만 현장에서 땀 흘려 일하는 것도, 부지를 고르거나 회계 업무를 보는 것도 최종 결과물로 가기 위한 하나의 과정이자 수고로움이다. 정성과 열의를 담는다는 것에는 차이가 없다.

현장은 언제나 위험하다

건설 현장에서의 시작은 어땠나?

처음 투입된 현장은 빌라 건축 현장이었다. 처음엔 기초 안전 교육만 이수한 상태라 할 줄 아는 게 없으니 그야말로 잡부 일을 했는데 위험한 것투성이였다. 현장에서 안전사고가 나는 가장 큰 이유는 발에 무언가가 걸려서다. 그래서 현장에서 작업할 때 청소가 매우 중요한데 이것부터 시작했다. 자재 운반을 하면서는 도면 읽는 법을 배웠다. 이 두 개가 연관이 있는 이유는 자재를 동선이나 작업에 문제 되지 않는 곳에 안전히 놓아야 하기 때문이다. 나이가 지긋하신 소장님들에게 엄청 혼나면서 배웠다.

건강도 좋지 않았는데 그만두고 싶은 순간은 없었나?

몸이 힘든 것은 견딜 수 있었다. 하지만 누구나 어떤 이유로든 관두고 싶은 순간이 있지 않나. 현장에서 사람들이 관두는 것을 보다 보면 아무래도 영향을 받게 된다. 기술을 배우는 것도 어느 순간 재미없어지는 때가 오는데 그렇다고 그만둘 수는 없었다. 어차피 하기로 한 것이면 내가 만족할 때까지는 이 악물고 끝까지 해야 하는 편이다. 소장님들이 뭐라 그러시는 것도 마냥 기분이 나쁘거나 하진 않았다. 내 실수가 타인의 안전에도 문제가 되기 때문이다. 무턱대고 화내시는 경우는 기분이 나쁘긴 하다. 이성적이지 못한 사람들과 일할 때는 진짜 그만두고 싶었다.

다칠 일이 많았을 것 같은데 위험한 순간은 없었나?

정말 많다. 한 번은 기둥 자리에 발이 빠져서 정강이의 정맥이 터진 적이 있었다. 현장의 변수는 비단 구조물에만 한하지 않는다. 기상이나 계절에 따라 위험도가 올라가기도 한다. 비가 오거나 너무 덥거나 하면 그게 바로 안전사고로 이어질 수 있다. 현장에 '아시바'라고 불리는 파이프를 고정하는 장치가 있다. 클램프라고도 하는데 한 번은 더위 먹은 상태에서 이걸

수작업으로 고정하다가 고정시킨 손을 떼는 바람에 클램프가 아래층으로 떨어졌다. 밑에 사람이 있다면 크게 다칠 수 있는 일이었다. 그래서 몸이 안 좋으면 쉬어야 한다. 사소한 부주의가 정말 큰 사고로 이어진다.

건설 현장에서 안전하게 일하는 것은 불가능한가? 공사 기한 등 제한 사항이 많은가?

FM대로 하면 이론적으론 다칠 일이 없다. 위험한 걸 뻔히 알면서 굳이 더 편하거나 빠른 방법을 시도하다가 문제가 생기는 것이다. 호미로 막을 것을 가래로 막는 형국이 된다. 자기 안전은 자기가 챙겨야 한다. 사측에서 책임을 져주기도 하지만 결국 다치는 것은 본인이다. 그런데 FM대로만 하기가 쉽지가 않다. 대부분의 업체는 하청 업체고 일을 더 빨리하려고 하지 안전하게 천천히 하려고 하지 않는다. 같은 기간에 하나 이상의 현장을 맡는 업체도 있다. 빨리하는 게 다소 강제되는 상황이다. 그러다 보면 안전 문제가 생길 가능성이 아무래도 커진다.

단기 노동자도 많으니 더 변수가 크겠다.

그렇다. 숙련도와 일머리 역시 안전에 있어 중요하다. 하지만 반대로 그걸 믿고 자기 과신을 하는 경우에도 문제가 생긴다. 지금까지 문제가 없었으니 앞으로도 문제가 없을 것이라는 나이브한 생각이 사고를 부른다. 물론 현장에서는 FM을 다 지키면서 일하면 일정이 굉장히 빠듯하다. 현장의 모두가 엄청난 숙련자여야 가능하다. 단순히 인원을 많이 동원한다고 해결될 일도 아니다. 그것을 관리하는 것 역시 리소스다.

현장의 젊은 노동자들은 어떤 모습으로 일하고 있나?

배우러 온 사람, 단기 노동자, 겉멋 들어 온 사람 등 다양하다. 배우러 온 사람은 1인분은 하려고 한다. 단기 노동자의 경우 실제 어려운 상황에 처한 분들이 많다. 이 일 말고는 대안이 없는 경우다. 이들은 확실히 나이 드신 분들에 비하면 안전하게 일하는 편이다. 자기 몸 상태가 좋지 않으면 솔직하게 말하는 편이고, 스스로 약게, 안전한 방향으로 일하려고 한다.

현장에 젊은 노동자가 많은 추세인가.

몇 년 전에 비해 비율 자체는 늘어났다. 현장에서 배울 수 있는 기술은 다양한데 가급적 덜 힘들이고 더 빠르게 배울 수 있는 기술에는 젊은 분들이 몰린다. 그래도 현장 전체로 보면 아직 한참 적다. 마냥 힘들고 단순 작업인 곳은 젊은 인부 비율이 더 낮다.

청년들은 대부분 단기로 많이 뛰어들 것이라 생각했다.

인터넷 커뮤니티에 '노가다 후기'라든지 단기 업무 경험을 공유하는 분들이 많지만 젊은 분들은 요새 자격증 따서 기능공으로 오는 분이 생각보다 많다. 외국으로 진출도 쉽기 때문이다. 기능공은 급여도 높고 자격증 개수에 따라서 급여가 오르니까 돈을 모아 자기 사업체를 직접 꾸리기에도 유리하다. 기술은 평생 가니까.

산업의 톱바귀에서

시행사이다 보니 원하청 관계, 도급사 문제에 대해 잘

알고 있을 것 같다.

하청이 이어지는 수직적 구조는 이 건설 업계의 구조적인 문제다. 보통 인력 사무소에서 일을 구한 속칭 '잡부' 노동자의 경우 원청에서 낸 돈이 여러 중간 단계를 거치며 급여가 결정된다. 이렇게 되면 관리자 입장에선 이 과정을 100퍼센트 파악하기가 어렵다. 꼬리 물기식 하청을 할 경우 막상 현장에 온 인부들이 어디 소속인지도 파악이 어렵고 자금 불투명성도 발생할 가능성이 있다.

임금이 제대로 지급되지 않는 경우도 있단 말인가.

그럴 가능성이 있다는 말이다. 임금은 인력 사무소에서 결정하지 시행사에서 결정하는 것이 아니다. 다만 문제가 생길 경우 책임져야 하는 것은 이 모든 과정을 총괄하는 시행사다. 시행사는 원청이니 당연히 하청을 맡길 때 가격 경쟁력이 고려대상인데 가급적 투명하게 관리되는 곳에 맡기고픈 마음이 크다.

노동자와 관리자의 관점을 모두 가지고 있다. 중대재해

처벌법에 대한 생각이 궁금하다.

건설 현장에의 적용에만 한정해서 얘기하는 게 좋겠다. 다치는 사람들을 생각하면 꼭 필요한 법이다. 하지만 현장 변수를 생각하면 미봉책이란 생각도 든다. 사실 이미 안 다칠 방법은 있다. 편하게, 많이 하려다 보니 FM을 따르지 못하는 것일 뿐. 게다가 변수는 날씨부터 시작해 야간 방범에 이르기까지 정말 다양하다. 온라인 커뮤니티의 이른바 '노가다 갤러리' 같은 곳을 보면 현실적인 문제가 이미 산적해 있다. 법 시행 이후에도 사람들은 계속 죽어 나가고 있는데, 처벌에 초점을 맞춘 법도 좋지만 현장에 초점을 맞춘 법도 동시에 필요하다고 생각한다. 이미 구조적 문제가 심각하다.

구조적 문제는 왜 발생하나.

근원적으로는 돈이다. 안전한 노동 환경을 만들려면 훨씬 더 많은 돈이 필요한데 현실적으로 그 정도의 돈을 확보하고 시작하지 못하니 인부 각자에게 업무가 과중하게 지워질 수밖에 없다. 심지어 충분한 돈이 있어도 사람이 부족하다. 특히 젊은 사람이 많이 부족하다. 비계공같이 상대적으로 편한 기술직은 선호해도 철근 같은 분야는 정말 젊은 사람이 없다. 건

설 수요는 계속 있는데 인력이 부족하니 결국 외국인분들을
모셔 오게 되는 것이다.

　　현장에 외국인 비율은 어떻게 되나?

딱 숫자로 말하긴 어렵다. 다만 지금도 현장의 많은 분들이 외
국인이다. 분야마다 차이는 있지만 외국인분들 비율이 전반
적으로 높은 편이다. 조선족 동포분들로 100퍼센트 채워진
팀을 본 적도 있다. 러시아나 서아시아분들도 계시고 고려인
분들도 계신다.

　　서로 말이 안 통할 텐데 현장에서 소통의 문제는 없나.

말이 안 통하니 어려운 지점이 당연히 있다. 현장에서 쓰이는
용어 몇 개만 겨우 알고 계신 경우가 많다. 그것조차 모르는
경우가 있어서 통역하는 사람이 팀에 한두 명씩은 있다. 안전
하지 않게 일하는 경우가 많아서 종종 곤혹스러운데, 현장 관
리자 입장에서는 말이 안 통하니 업무 지시가 쉽지 않다. 시행
사 입장에서는 이분들의 체류 비자나 신원이 확실하지 않을
수 있어 책임 주체로서 당연히 조마조마할 수밖에 없다. 근데
같은 노동자 입장에서는 사실 꽤 좋은 동료들이다. 일 자체는

되게 잘하신다. 일머리가 좋고 기술적인 부분이 뛰어나다는 의미도 있지만 자기 일처럼 열심히 하시는 경우가 많다. 한국 사람이 온종일 할 일을 반나절 만에 끝내기도 하신다. 현장은 한시가 급한데 이분들 덕에 급할 때 당연히 도움이 된다.

건설 현장 일을 고려 중인 분이 있다면 어떤 점을 유의하는 게 좋겠나.

하청 구조가 복잡한 곳에서 일하는 것을 만류하고 싶다. 다만 노동자가 이를 쉽게 알 수 없을 것이다. 중요한 것은 나에게 해가 되지 않는 업장을 고르는 것이다. 어떤 업장에서는 사람이 맞지 않을 수도 있고, 업무가 효율적이지 않아 일이 늘어지는 곳도 있을 것이다. 쉽지 않겠지만 몇 번 나가 보면서 내가 일할 수 있는 상태인지, 배울 만한 것이 있고 생산성을 갖출 수 있는 현장인지 따져보기를 권한다.

자격증을 미리 따두는 것도 도움이 될까?

물론이다. 나처럼 기초 산업 안전 교육만 받고 가면 아무래도 고생스럽다. 어차피 현장에 젊은 사람이 많이 필요하기 때문에 가급적 내가 조금이라도 더 대우받으며 일할 수 있는 현장이면 더 좋지 않겠나. 그러기 위해서 국비 지원이 가능한 자격증 관련 교육을 미리 좀 받고 가는 것이 좋다. 단기가 아니라 1~2년가량 이 일을 하며 목돈을 만들 생각이 있다면 그게 유리하다. 그러지 않을 거라면 적어도 평균 임금은 꼭 상세히 찾아보고 가길 권한다. 노가다라고 다 같은 게 아니다. 현장만의 최저 시급이 있고 어떤 일인지에 따라서도 차이가 난다. 몸이 힘들면 더 버는 게 당연지사다. 자신의 역량을 고려해서 결정했으면 한다.

효능감의 길이

얘기를 듣고 나니 건물 하나를 지어 올리는 과정이 참 지난하다.

겉으로 보기엔 돈이 오가고 업체가 뚝딱뚝딱 지어 올리고, 분양되고 하는 것만 보이지만 그 안에는 다양한 역동이 있다. 과정이 힘든 만큼 다 짓고 나면 뿌듯함이 있다.

이제껏 다양한 것을 만들어 왔는데 건축물이 주는 보람

은 무엇인가?

일단 건물은 내 노동력이 들어간 것 중 가장 거대한 것이다. 그 부피에서 오는 압도감이 있다. 지나가다 내 회사가 지은 건물이 있다면 저 건물을 짓는 데 보탬이 되었다는 생각에 뿌듯하다. 또 하자 보수를 할 일이 있을 때 거기에 살게 된 사람들과 만나게 되는데 그때의 보람도 있다. 중소기업 시행사는 주로 오피스텔을 만들고 거주자층이 아주 잘 사는 사람들은 아니다. 심적으로나 경제적으로 편안한 공간을 만들고자 한 노력을 사람들이 알아줄 때 기분이 좋다. 전반적으로 효능감의 길이가 길다고 말할 수 있을 것 같다.

책을 만드는 일도 비슷한 것 같다. 효능감이 길다.

요새 직장인 친구들을 만나면 "업무를 쳐낸다"라는 말을 많이 듣는다. 그렇게 쳐낸 일이 주는 보람의 유통 기한은 짧지 않을까. 같은 노력을 들일 거라면 만들고 나서 보람이 오래 남는 일을 하는 편이 좋다고 생각한다.

보람이 큰 만큼 책임감도 막중한 일이다. 체력적으로

지나치게 소진되고 있진 않은지.

앞서 말한 것처럼 나는 현장에서 노동자이기도, 관리자이기
도, 시행사 임직원이기도 하다. 나의 일에 누군가의 생존권,
주거권, 임직원들의 노동권이 달려 있다는 감각은 특별하다.
책임감이 막중한 만큼 앞뒤 재지 않고 노력하게 된다. 물론 언
제까지 지속할 수 있을지는 모르겠다. 체력적으로 한계에 부
딪히는 것은 맞다. 허리에 디스크가 있었는데 만성 염좌가 심
해지기도 했고 갖은 사고를 당하기도 했다.

정신적 부담은 없나?

오히려 몸을 쓰고 땀 흘려 일하면 정신 건강은 좋아진다. 사실
오랫동안 불면증이 있었는데 건설 현장에서 육체노동을 시작
한 이후로 잠이 더 잘 오는 것 같다. 그렇게 소진된다고만 생
각할 건 아니다. 그보단 뭔가를 계속 만들어 낼 수 있다는 것
이 즐겁다.

의식주를 다 만들 줄 아는 것 아닌가.

그렇다. 우리가 무인도에 떨어졌다고 생각하면 당연히 생존

본능으로 하게 되는 것들이다. 이것을 내가 다 할 수 있다는 점이 고무적이다. 요새 젊은 세대는 전구도 잘 못 갈지 않나. 그런 점에서 내가 하는 일에 자부심이 있다.

다른 만드는 것에는 관심 없나?

의식주는 다 해봤고, 요즘은 문화적인 걸 만들어보고 싶다. 짧은 영상이나 독립 영화 같은 것 말이다. 하고 싶은 얘기를 담을 것이 필요한데, 거기에 제일 적합한 형태라서 그렇다. 요새 사람이 말을 하는 것은 곧 누군가에게 이해 받고 싶다는 의미라는 생각이 들었다. 그런 생각의 연장선에서 나온 아이디어다. 여건이 되면 한번 도전해 보려고 한다.

관련 경험이 있나?

옷이든 요리든 건물이든 제대로 배우고 시작한 것이 아니다. 막연히 해보고 싶은 것에 도전하는 데에는 아무런 두려움도 없다. 더 살하고 싶은 마음이 우선하고 내기 만든 것이 가당을 사람들을 만족하게 하고픈 마음밖에 없다.

창작에 제한이 없다면 해보고 싶은 것은?

돈이 많으면 더 큰 걸 짓고 싶어질 것 같다. 그것이 꼭 건물이 아니더라도 어떤 문화나 특정 분야에 큰 것을 남겨보고 싶다. 만들어 내는 것이 커질수록 짜릿하다.

경제적 자유를 얻어도 직업이 주는 가치가 필요한가?

그렇다. 삶은 계속 무언갈 만들어 가는 과정이라고 생각한다. 게다가 직업이 주는 그 일정함이 삶을 건강하게 만든다고 믿는다. 요새 투자로 큰돈을 벌어 경제적 자유를 얻으려는 파이어족 이야기를 많이 보곤 한다. 물론 리스크를 감수하고 투자했기에 불로 소득으로 보는 것은 아니지만 그런 돈을 얻는다고 해도 펑펑 쓰며 노는 것은 나와 맞지 않는다. 시행사는 큰 현금을 굴리지만 바로 땅을 사고 비즈니스를 해야 해서 사실 추가적인 레버리지를 감수하는 것은 무섭기도 하고. (웃음)

진남현은 90년생 농부다. 농사를 지으면 밥은 굶지 않겠다 생각해 농부의 길을 택했다. 스스로 개발한 무자본 농법으로 석유를 최소한으로 소비하는 농사를 짓고 있다. 그곳에서 대대로 자생해 온 토종 종자를 사용하기 때문에 자신의 직업을 생명을 돕는 일이라 여긴다. 그 과정에서 많은 것을 배우고 있다. KBS〈인간극장〉, EBS〈한국기행〉에 출연했고 에세이《나는 너명굴을 선택했다》를 펴냈다. 가족과 행복하게 사는 것이 소박하고도 원대한 바람이다.

진남현 ; 내가 할 수 있는 건
딱 여기까지

시대에 흔들리지 않기 위해

본인을 소개해 달라.

7년 차 농사꾼이다. 토종 씨앗과 자연 농법으로 농사를 짓고 있다. 전라북도 완주 너멍굴에서 아내와 딸과 함께 살고 있다. 둘째 출산을 앞두고 있다.

토종 씨앗을 사용하는 자연 농법은 무엇인가.

기계를 쓰지 않고 오로지 몸으로만 하는 농법을 말한다. 옛날 조선 시대 농사꾼들이 쓰던 손 도구만으로 농사를 짓는다고 생각하면 된다. 토종 씨앗은 대를 이어서 채종할 수 있는 씨앗을 말한다. 그 씨앗으로 가족이 먹을 농사도 짓고, 남은 것은 팔기도 한다.

자연 농법을 선택한 이유가 궁금하다.

농사를 책으로 배웠다. 이게 좋다더라 저게 나쁘다더라, 책에 있는 내용들을 보며 막연한 생각을 갖고 있었다. 대학교 농촌 활동에서 사과 농약줄 잡는 일을 하다가 농약 중독에 걸렸다.

그러면서 농약을 쓰지 않는 자연 농법에 대한 생각이 확고해졌다.

어떻게 농사꾼이 돼야겠다 마음먹었나.

농사꾼이라는 장래 희망을 적기 시작한 건 고등학생 때부터였다. 그때는 막연한 생각이었다. 굶어 죽지 않을 일은 무엇일까. 농부는 밥을 생산하는 사람이니까 밥은 안 굶겠구나. 그런 생각이었다.

굶어 죽지 않을 직업을 고민한 이유가 궁금하다.

어머니는 은행원이고 아버지는 공무원이셨다. 중산층 가정이었다. 그런데 IMF가 오니 고꾸라지더라. 힘들게 살다가 어떻게 서울 소재 대학에는 들어갔다. 그리고 2008년 서브프라임 모기지 사태가 일어났다. 세계적으로 경제가 위태롭거나 국가가 시대적인 흐름을 만났을 때, 개인의 삶은 굉장히 흔들린다. 시대에 휘둘리지 않는 직업을 찾고 싶었다.

시대에 휘둘리지 않는 직업이 농부였나.

역사책을 들여다보면, 농촌에 사는 사람들은 쉽게 흔들리지 않는다. 조선이 망하고 일제가 강점했을 때, 조선 농민들의 생계는 하루아침에 무너지지 않았다. 경제 위기, 전쟁이 와도 농촌에 살면 굶지는 않는다. 그래서 먼저 농촌에 살아야겠다고 생각했다. 그럼 농촌에서 할 수 있는 일은 무엇일까. 농촌에 제일 많은 건 자연이고 땅이다. 사람은 밥을 먹고 산다. 그러니 농사를 지으면 휘둘리지 않는다, 죽지 않는다, 이런 생각이었다.

언제부터 귀농을 준비했나.

군대에 다녀온 후 26살 즈음부터 본격적인 준비를 했다. 그전까진 흘러가는 대로 대학 시절을 보냈고, 어차피 농사를 지을 생각에 학과 공부도 대충 했다.

본격적인 준비라 함은.

귀농 안내 책자에 3년 치 생활비는 있어야 농사가 망해도 버틸 수 있다고 나와 있었다. 농촌에 사는 지인을 보니 1년에

700만 원씩, 3년 생활비로 2000만 원 정도면 될 것 같았다. 일
단 그 돈을 모으는 게 본격적인 준비의 시작이었다.

돈을 모으기 위해 어떤 일을 했는지 궁금하다.

휴학하고 아르바이트를 했다. 교수님께서 소개해 주셔서 대
학교 박물관에서 일하고, 과외도 하고, 아이들 데리고 역사 탐
방하는 일도 했다. 그것만으로 벌이가 부족하니까 치킨집, 호
프집 서빙도 하고 건설 현장에서 막일도 했다.

그래서 2000만 원을 모았나.

그렇게 닥치는 대로 하다 보니 벌이가 좀 됐지만 연애하고 친
구, 후배들 술 사주느라 돈을 다 써 버렸다. 그렇게 1년을 지
내고 나니 농촌에 방 한 칸 구할 보증금만 남았다. 그게 100만
원이었다. 계속 이렇게 지내면 100만 원도 까먹겠다 싶어서
대학을 자퇴하고 농촌으로 갔다.

힘든 상황에서 간 대학이었지 않나. 포기가 쉽지 않았

을 것 같은데.

졸업장은 그냥 종이라는 생각이었다. 농사를 짓는 데 대학을 나왔다는 게 어떤 도움이 되겠나. 그냥 시간만 버리는 거였다. 기왕 갈 거 1년이라도 빠르게 가자, 그렇게 농부의 길로 들어섰다.

이상향 아닌 생존

처음 농촌에 도착한 순간을 기억하나.

우선은 가진 게 없었다. 100만 원 든 현금 봉투와 60리터 등산 가방 하나뿐이었다. 애초에 나에게 농촌은 이상향이 아니었다. 생존이었다. 살아남는 게 1순위 목표였다.

살아남기 위해 가장 먼저 한 일은 무엇인가.

귀농 1년 차에 완주군 고산면 너멍굴에 들어왔다. 산골이다 보니 집이 없었다. 너멍굴 밖에다 집을 얻으면 밭까지 매일 30~40분 거리를 왔다갔다 해야 했다. 농사는 계속 살펴야 하는 일이다. 밭 근처에 집을 지어야겠다는 생각에 이르렀다.

'옛날 사람들도 다 알아서 짓고 살았는데'라는 생각 하나로 집을 짓기 시작했다. 엔진 톱 하나 사서 산에서 썩은 나무를 주워다가 초가집을 지었다. 그렇게 2년을 버텼다. 그때 진짜 죽을 뻔했다.

관용적 표현이 아니고 진짜로 '죽을' 뻔했다는 건가.

그렇다. 밥도 못 먹고 집을 지었다. 장마철엔 지붕에서 비가 새고, 밤엔 쥐가 들어오고 뱀이 들어왔다. 육체적으로 힘들 때 든 생각은 '이것도 못하면 어딜 가도 죽는다'였다. 사람이 자기 몸 하나 건사 못하는데 어디 가서 뭘 할 수 있겠냐는 생각이었다. 도시로 다시 가더라도 집이라도 한 채 살 만하게 지어놓고 가겠다고 다짐했다. 몸은 힘들지만 그렇게 버티다 보니 2주가 한 달이 되고 한 달이 석 달이 됐다. 그리고 마침내 3년이 지나니까 사람이 바뀌더라.

어떻게 바뀌었나.

몸이 바뀐다. 일하는 사람의 몸으로 바뀐다.

일하는 사람의 몸이라는 게 어떤 몸인가?

직장인이 하루 종일 불편한 옷을 입고 앉아서 모니터 보고 타자 치는 일도 쉬운 게 아니다. 내 기분이 어떻든 사람들도 계속 만나야 한다. 이걸 반복하다 보면 견뎌 내는 힘이 생긴다. 아마도 정신적인 힘일 것이다. 반면 농사는 여름에는 태양 볕, 겨울에는 칼바람과 함께 하는 일이다. 직장인이 직장 생활을 견디는 멘탈을 가지듯, 농부는 농사일을 견디는 몸을 갖게 된다.

농촌은 사람과 노동력이 귀한 곳이다. 그곳에서 본 육체노동의 의미는 남다를 것 같다.

도시에서 아르바이트를 할 때 소모된다는 느낌이 자주 들었다. 나는 노동력을 제공할 뿐 '사람'인데, 소모재가 된 것 같았다. 농촌에서는 한 명 한 명이 재산이다. 아르바이트처럼 일당벌이로 남의 밭에 가서 일하는 경우도 물론 있다. 하지만 농사는 한 번 짓고 마는 일이 아니다. 내년에도 짓고 내후년에도 짓고 10년 뒤에도 짓는다. 그래서 사람과 관계 맺는 것 자체가 재산이다. 사람과 노동이 귀하게 대접받는다.

최근 귀농·귀촌을 선택하는 젊은층이 늘고 있다. 이유
가 뭘까?

기사들을 보면 '도시 속 경쟁에서 지쳐서'라는 답을 정해 두고
있는 것 같다. 귀농·귀촌하는 사람들을 대상으로 쓰인 보고서
를 본 적이 있는데, 3년 안에 80퍼센트가 농촌 생활에 적응하
지 못하고 떠난다고 했다. 도시를 떠나든 농촌을 떠나든, 삶은
어디서든 살아남기 위한 방법을 찾아 나서는 과정인 것 같다.

육체노동은 기술이자 꾀

육체노동에서 가장 중요한 건 무엇인가.

육체노동이라고 무조건 몸만 움직이는 게 아니다. 육체노동
은 기술이고 꾀다. 쉬는 것도 일의 일종이다. 시인들의 권유로
아파트 건설 현장에서 일한 적이 있다. 집 만드는 법을 배울
겸 따라다녔는데, 현장에서 보면 건설업 노동자들도 엄청 쉰
다. 시간을 정해 두고 일하고 시간 맞춰 퇴근한다. 어디 놀러
갈 법도 한데 몸을 쉬는 데 집중한다. 그래야 또 일할 수가
있기 때문이다.

농사 안 하고 쉴 땐 무얼 하나.

보통 책을 읽는데 요즘엔 주로 아이랑 논다. 아이랑 그늘에서 맛있는 거 먹고 누워서 낮잠도 잔다. 쉬어야 또 일을 할 수 있기 때문에 열심히 쉰다. 농사꾼에게 쉼은 생산적인 일과다.

노동의 강도가 가장 센 농사일은 무엇인가.

흙을 가지고 하는 일이다. 고랑을 파거나 물을 가두는 배수로를 만드는 등 땅의 모양을 바꾸는 일이다. 가장 먼저 만들어진 기계도 땅을 가는 기계지 않나. 옛날에 소가 귀했던 이유도 같다. 소나 기계가 하던 일을 사람의 힘으로 하려니 그게 가장 힘들다. 하지만 즐겁다.

몸은 힘든데 마음은 즐겁다는 건가.

어느 순간이 오면 몸도 힘들지 않을 수 있다. 시간이 지나면 기술이 늘고 꾀가 늘기 때문이다. 예전에는 논 100평을 일일이 삽으로 뒤집었다. 물이 부족하면 물길을 만들어서 물을 댔다. 어느 날 보니 장마철이면 비가 알아서 양분을 갖고 땅으로 들어가더라. 그럼 심는 시기를 조금 늦추면 안되나 싶은 생각이 들었다. 심는 시기를 늦추니 알아서 잘 자랐다. 마른 땅엔 마른 걸 좋아하는 작물을 심고, 습한 땅엔 습한 걸 좋아하는 작물을 심었다. 땅을 바꾸는 게 아니라 내가 땅에 맞추면 된다. 그렇게 꾀가 늘면 육체적인 고역이 덜하다.

그럼에도 농촌은 몸을 바삐 움직여야 하는 곳이지 않나.

맞다. 농촌 어르신들은 필요한 걸 다 만들어 쓰신다. 먹는 것과 입는 것부터 농사짓고 생활하는 데 필요한 모든 것. 처음에는 그게 재미일까 궁금했다. 지켜보니 그게 생존이다. 도시는 돈이 많고 물건이 없는 공간이다. 그래서 서로 돈을 주고받으며 물건을 만들고 물건을 산다. 반면 농촌은 물건은 많고 돈은 없는 공간이다. 나무도 얼마든지 쉽게 구할 수 있고 흙은 말할 것도 없다. 내가 가진 것들을 활용해서 나의 생활과 삶을 꾸려 나가야 한다. 그래서 농촌에서는 문밖에 나가면 먹고살기 위해 몸을 바삐 움직여야 한다.

농사꾼의 일

농사는 어떻게 배웠나.

농촌 어르신들로부터 배웠다. 사람마다 잘 맞는 농사법, 농사 도구, 농사 시기가 따로 있다. 그리고 농사를 짓는 사람에 맞게 작물이 변한다. 그래서 농사꾼이 10명이면 10개의 농법, 10개의 종자가 나온다. 결국 정해진 건 없다. 어르신들의 농사를 관찰하고 나한테 맞춰서 해봐야 한다. 그대로 따라 한다고 잘 되는 것도 아니다. 결국 농사는 내 것을 찾아가는 과정이다. 내 농법을 찾은 작물도 있고 아직 찾고 있는 작물도 있다.

결국은 부지런히 관찰해야 하는 것 같다.

맞다. 농사는 부지런해야 하고 무엇보다 정성스러워야 한다. 작물은 농사꾼의 발소리를 듣고 자란다고 한다. 처음엔 못 믿었다. 그런데 이게 과학적으로도 맞는 말이다. 인간의 발자국이 식물 뿌리의 분화를 촉진한다. 인간이 만드는 미세한 진동이 뿌리를 더 깊고 더 많이 자랄 수 있도록 한다. 그래서 자주 들여다봐야 한다.

정성을 다하면 바로 드러나는 건가.

바로 드러나지는 않더라도 언젠가 반드시 티가 난다.

농부는 만족스러운 직업인가.

자유롭게 일하고 싶다는 게 컸다. 생계에 속박되는 것이 아닌 좋아하는 일을 자유롭게 하고 싶었다. 그리고 기왕 하는 일이 세상에 도움 되고 주변 사람에게도 도움 됐으면 좋겠다는 생각이었다. 그럼 사업을 할 수도 있는 것 아니냐고 말할 수 있다. 하지만 사업은 사람이랑 하는 일이다. 농사라는 건 사람이 아니라 자연과 하는 일이다. 물론 대농을 하고 거래를 시작하면 사회 속에 밀접하게 녹아 들어가겠지만 내가 선택한 농사는 그런 게 아니다. 풍족하진 않으나, 자유로운 농법이다.

정성을 들이면 티가 난다는 것, 그게 자유인 건가.

그렇게 해서 얻어가는 하나하나가 다 자유다.

자유로운 농법이 무엇인지 궁금하다.

나는 그것을 '무자본 농법'이라고 부른다. '자본을 들이지 않고 농사를 지을 순 없을까'라는 의문에서 출발했다. 농사도 실은 사업과 유사하다. 자본을 많이 가지고 있는 사람, 자본을 많이 투자한 사람이 더 많은 수익을 내는 구조다. 쉽게 말하면 땅 1만 평을 가진 사람은 벼농사만 지어도 수익이 난다. 반면 땅 한 평도 없는 사람은 그렇지 않다. 농사를 짓는 과정도 다 돈이다. 농기계, 씨앗, 비료, 농약, 거름까지 다 사야 한다. 거기에 임대료까지 내고 나면 큰 수확을 내더라도 남는 게 없다. 돈은 돈대로 들어가고 몸은 몸대로 힘들다.

농사에 들어가는 자본을 줄인 건가.

그렇다. 인간이 농사를 처음 짓기 시작한 게 기원전 7000년이다. 그땐 어떻게 농사를 지었을까 생각해 봤다. 소비 없이 주변에 있는 것들로만 충분히 가능할 것 같았다. 종자는 토종 종자를 쓰고 비료는 주변에 있는 낙엽을 긁어모았다. 아궁이에서 나는 재도 갖다 썼다. 닭과 개를 키우고 있으니 닭똥 개똥을 모아서 퇴비를 만들었다. 아주 사소한 것부터 줄이기 시작했다.

아무래도 임대료가 가장 큰 부분을 차지할 텐데.

너멍굴에 들어오자마자 빚을 내서 땅을 샀다. 땅은 오늘이 제일 싸다고 하지 않나. 땅은 사야 된다는 생각이 들었다. 생각이 들자마자 땅을 샀다. 빚은 갚아 나가고 있고, 그 외의 소비를 줄이니까 생활은 어렵지 않다.

농기계는 어떻게 했나.

가장 중요한 게 기계다. 현대 농법은 석유가 없으면 농사를 지을 수 없다. 농기계로 밭을 갈고, 트럭으로 작물을 옮긴다. 생산과 유통의 많은 단계에서 석유를 써야 한다. 결국 이걸 줄여야 한다는 생각이 들었다. 단순하게 옛날 농법만 따라 하는 게 아니라 석유를 안 쓰려고 노력한다. 아주 안 쓸 수는 없으니 최대한 안 쓰려고 한다. 그게 무자본 농법의 핵심이다.

줄인 만큼 다른 걸로 채워야 할 것 같은데.

그렇다. 결국 노동으로 채워야 한다. 몸이 아주 힘든 농법이다. 하지만 앞서 말했듯 꾀가 생기면 몸도 덜 힘들다.

해 지면 멈추는 노동

어떻게 보면 농부는 몸이 자산인 프리랜서다. 농부로서의 루틴이 궁금하다.

농부의 하루 일과는 계절에 따라 다르다. 변하지 않는 원칙은 해 뜨면 일어나고 해 지면 자는 것이다. 여름엔 오전 4~5시, 겨울엔 6시 반 정도에 일어난다. 해가 완전히 뜰 때까지 일을 하다가, 마침내 중천이면 씻고 쉰다. 카페에 가기도 하고 볼일을 본다. 그러다 오후 4시에 다시 일을 시작한다. 해가 지면 집에 들어와 저녁을 먹고 뒹굴뒹굴 놀다가 식구들과 잠자리에 든다.

계절에 따라 루틴이 바뀌는 건가.

농사꾼 루틴의 핵심은 자연과 함께 하는 것이다. 농촌엔 계절이 한발 빠르게 도착한다. 도시는 더워도 농촌엔 아침저녁으로 느껴지는 쌀쌀한 바람이 있다. 중복쯤 지나 그런 바람이 불어오는데, 벌써 가을이 온 것이다. 그럼 농사꾼은 가을 농사를 준비해야 한다. 이번 가을에 배추 농사를 짓고자 계획했다면, 서둘러 배추 씨앗을 갈무리해야 한다. 농사지을 밭을 정하면

살살살살 밭도 만들기 시작한다. 자연의 때를 관찰하고 계절의 흐름을 느끼는 게 농사꾼에겐 가장 중요한 루틴이다.

항상 느끼고 살펴야 할 것 같다.

농사는 많이 봐야 한다. 그러려면 여유가 있어야 한다. 여유가 있어야 이런 것들이 보인다.

일할 때 노동요는 안 듣는지?

처음에는 들었는데 지금은 안 듣는다. 자세히 관찰해야 하는데 음악을 틀어 놓으면 음악의 감정선에 따라 마음이 요동친다. 그게 방해가 된다. "잘 자라라, 고맙다" 말하기에도 부족한 시간에 쿵쾅쿵쾅 노래를 틀어 놓으면 집중이 잘 안 된다. 농사는 정성을 다해야 하는 시간이다.

다른 직업과 달리 농부는 해가 지면 일을 멈춰야 한다. 이게 어떤 의미일지 궁금하다.

모든 게 인간 마음대로 될 수는 없다는 걸 느낀다. 처음 너멍굴에 들어왔을 때 그런 생각이 강했다. '인간은 만물의 영장으로 자연에 존재한다. 그러니까 무엇이든지 포기하지 않고 하면 된다'. 그런데 농사를 지으며 느낀다. 땅이 직장이고 태양이 상사다. 인간의 힘으론 할 수 없는 일이 너무나도 많다.

땅을 직장으로 태양을 상사로 삼는 일, 그건 또 어떤 의미인가.

야근이 없다는 것이다. 태양은 일을 강요하지 않는다. 다만 해야 할 때가 딱 정해져 있다. 그때까지만 최선을 다한다. 그 시간 안에 못 하면 내 꾀, 내 노력, 내 정성이 부족했던 것이다. 해가 지기 전까지. 그게 내 몫이다. 내가 할 수 있는 건 거기까지다.

생계유지 수단으로서 만족스러운가.

지금까지 7년 동안 일곱 번의 농사를 지었다. 쌀농사도 일곱 번, 고추 농사도 일곱 번, 배추 농사도 일곱 번이다. 매년 좋아지고 있다. 오늘이 제일 가난하다. 내일은 오늘보다는 덜 가난하고, 모레는 내일보다도 덜 가난하다. 그 이상의 큰 꿈을 꿀 수 없다. 돌아가는 삶에 만족할 뿐이다.

농촌에서 얻은 가장 큰 건 무엇인가.

고요함이다. 사실 농촌에 처음 도착하면 생각보다 주변이 시끄럽다고 느낀다. 처음 몇 해는 그렇다. 오만 생명이 깃들어 같이 사는 공간이다. 풀벌레 소리, 모깃소리, 날파리 소리, 바람 소리, 식물들이 살아가는 소리 등 엄청 시끄럽다. 그러다 거기에 무뎌지는 순간이 온다. 그리고 도시에 딱 가보면 이건 귀가 찢어지는구나 느낀다. 자동차나 빌딩 숲에서 나오는 여러 가지 소리들이 굉장히 시끄럽다. 그리고 다시 농촌에 돌아오면 느낀다. 고요하구나.

육체노동에서 얻은 가장 큰 건 무엇인가.

조화로움이다. 우리가 머릿속으로 그려 놓은 세상과 내 몸이 구현해 내는 세상은 전혀 다르다. 마음은 42.195킬로미터 마라톤도 단박에 뛸 수 있을 것 같은데 몸은 그렇지 않다. 몸을 쓰는 일을 하다 보면 머릿속으로 그렸던 이상에서 허황된 부분을 덜어 낼 수 있다. 욕심을 내려놓아야 힘이 빠진다. 욕심껏 한다고 다 되는 게 아니다. 육체노동은 몸과 마음을 조화롭게 만드는 일이다. 결국 농사를 지으면서 가장 많이 배운 것은 욕심을 덜어 내는 일이다. 해가 지기 전 딱 여기까지만 한다.